AF346543

LES ISOLANTS

ENCYCLOPÉDIE
ÉLECTROTECHNIQUE

PAR

UN COMITÉ D'INGÉNIEURS SPÉCIALISTES

F. LOPPÉ, INGÉNIEUR DES ARTS ET MANUFACTURES

SECRÉTAIRE

LES ISOLANTS

PAR **Paul RUDHARDT**

ANCIEN CHEF DES LABORATOIRES DE RECHERCHES
DE LA COMPAGNIE DE L'INDUSTRIE ÉLECTRIQUE ET MÉCANIQUE DE GENÈVE,
RÉDACTEUR EN CHEF DE LA REVUE POLYTECHNIQUE SUISSE.

PARIS

LIBRAIRIE DES SCIENCES ET DE L'INDUSTRIE
L. GEISLER, IMPRIMEUR-ÉDITEUR
1, Rue de Médicis, 1

1912

Fasc. 23

LES ISOLANTS

CHAPITRE PREMIER

Importance actuelle de la question des Isolants

Le développement très considérable des transports de forces électriques au cours de ces dernières années ; les distances, chaque jour plus grandes, admises entre les points de production de la force et les points d'utilisation ; les tensions progressivement croissantes adoptées pour permettre aux lignes de franchir, sans trop de pertes, les distances précitées ; toutes ces causes donnent une importance capitale à la question des isolants, aussi bien en ce qui concerne les machines, génératrices et moteurs, que pour tout ce qui a trait aux appareils et aux lignes.

Il convient donc, pour obtenir la sécurité désirable, d'augmenter dans de fortes proportions les épaisseurs des divers isolements utilisés dans la pratique industrielle. Malheureusement, la concurrence outrancière, qui règne dans l'industrie électrique actuelle, oblige à faire toutes les économies possibles de matières premières et de main-d'œuvre ; à diminuer les dimensions et les poids des machines ; à utiliser le fer et le cuivre de façon à avoir les rendements maximums, et il est certain que l'isolant, quant à lui, constitue du poids mort et prend une place qui, aux points de vue précédemment énoncés, est de la place perdue.

Il est donc de toute nécessité, afin d'avoir la sécurité désirable compatible avec le minimum de poids et de place non directement utilisables, de n'employer que des isolants de première qualité et d'avoir une connaissance approfondie de leurs propriétés.

Mais il ne suffit même pas d'avoir à sa disposition des matériaux excellents ; il faut les utiliser dans de bonnes conditions et ne pas risquer d'enlever une partie de leur valeur isolante par des manœuvres fâcheuses, ainsi que nous le verrons.

I. — INSUFFISANCE DES RENSEIGNEMENTS DANS LA PLUPART DES FORMULAIRES

La plupart des renseignements que l'on est appelé à rencontrer dans les formulaires ne sont pas, ou ne sont plus d'une utilisation sûre.

En effet, les mesures étant presque toujours faites à très basses tensions, les durées d'électrisation différentes, il a été souvent observé des différences considérables et inexpliquées lors de plusieurs essais sur un même échantillon.

D'autre part, les divers isolants ont souvent été admis comme comparables, ce qui n'est absolument pas le cas.

Il est donc indispensable de n'agir qu'avec circonspection tant dans la recherche des matières employées que dans leur emploi.

II. — SUBSTANCES HYGROMÉTRIQUES ET SUBSTANCES NON HYGROMÉTRIQUES

Appelé à faire un certain nombre de recherches sur divers isolants, nous avons été frappé des différences très grandes existant dans les résultats d'essais se rapportant à des substances pourtant fort connues, telles que le papier, le carton, les toiles, etc. Les indications d'auteurs et d'expérimentateurs notoires étaient absolument dissemblables. Non seulement suivant les voltages, mais encore suivant les durées d'électrisation, les chiffres obtenus variaient dans des proportions très grandes.

Les écarts étaient même si considérables que l'on ne pouvait pas mettre en cause des erreurs de lecture ou des différences dans la composition des isolants ; il fallait admettre qu'un phénomène, non indiqué par les auteurs, modifiât sensiblement les résultats, suivant la durée de l'expérience.

Nous avons ainsi été amené à faire quelques recherches qui n'ont pas été sans présenter un réel intérêt.

Elles ont d'abord prouvé, une fois de plus, qu'il faut séparer les corps isolants en deux grandes catégories :   .

1º Ceux qui contiennent de l'eau ;

2º Ceux qui ne contiennent pas d'eau.

Autrement dit, les classer en substances hygrométriques et substances non hygrométriques.

Avec un peu d'attention et de la patience, il a été possible de se rendre un compte exact des causes ayant constamment produit les différences sus-indiquées, et reconnaître que c'était l'eau qui devait être incriminée.

En effet, nous avons soumis une feuille de papier de 85/1000 de millimètre d'épaisseur à une série d'expériences avec du courant continu, dont les résultats sont relevés dans les courbes (fig. 1 et 2).

Voici quel a été notre dispositif : nous avons employé, comme électrodes, des disques de différents métaux, de 30 mm de diamètre, et la feuille à essayer étant placée entre les deux électrodes, nous avons chargé la supérieure d'un poids toujours le même.

Les électrodes étaient reliées, au travers d'un ampèremètre, aux bornes d'une machine à haute tension nous permettant de garder un voltage constant durant toute la durée de l'expérience.

Nous pouvions ainsi lire à tout moment le voltage aux bornes et l'intensité traversant la feuille de papier, par conséquent en connaître la résistance.

III. — COMMENT SE COMPORTE UN ISOLANT HYGROMÉTRIQUE SOUS L'INFLUENCE D'UN COURANT ÉLECTRIQUE

Au moment de l'application du courant, la résistance était relativement élevée, mais elle ne tardait pas à diminuer, toujours plus rapidement, les lectures étant faites chaque minute.

Au bout d'un certain temps, variable suivant les essais, mais ne dépassant jamais une heure, l'intensité atteignait généralement un point maximum après lequel la résistance augmentait peu à peu, mais sans revenir jamais au point initial.

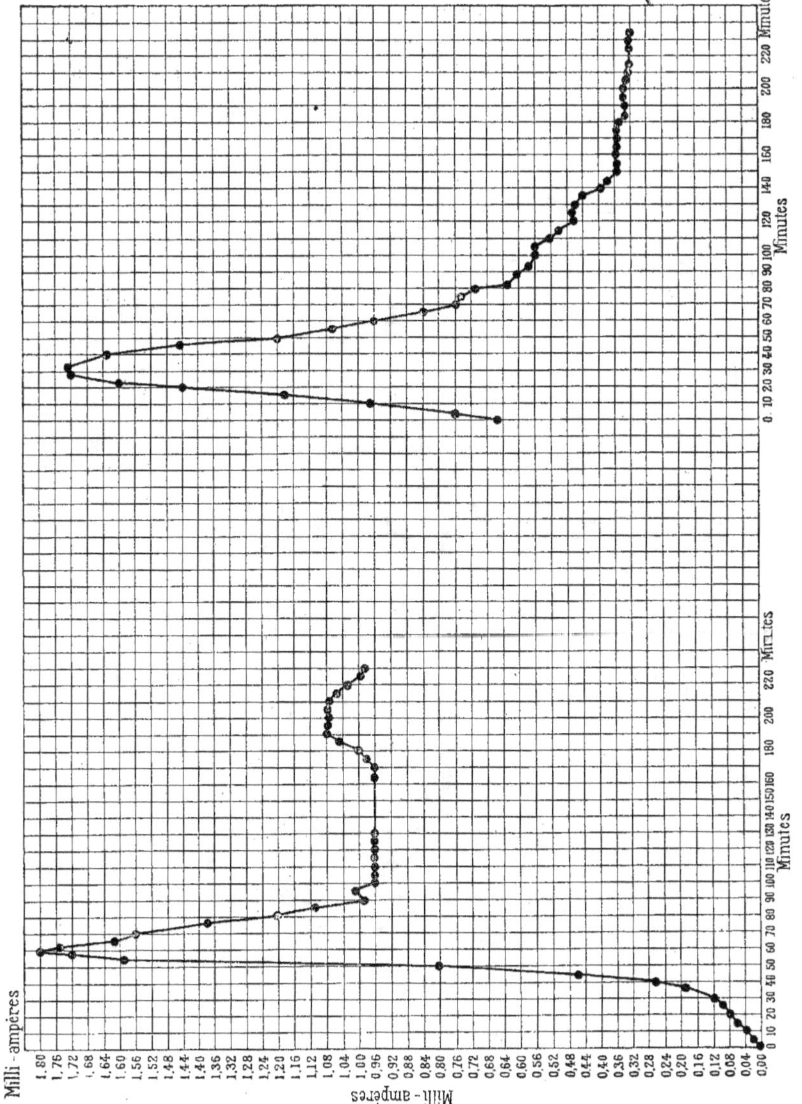

Fig. 1. — Courbes montrant les variations de résistance d'une feuille de papier, sous l'influence d'un courant électrique (continu).
Première expérience : avec électrodes de laiton.

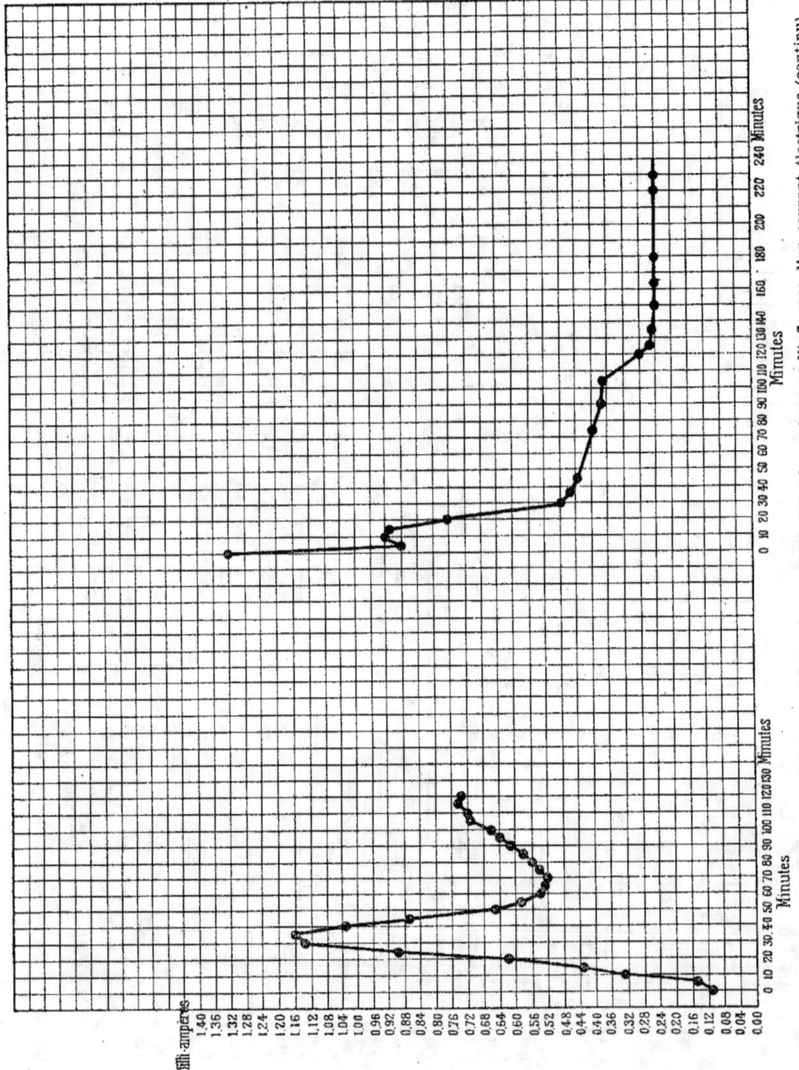

Fig. 2. — Courbes montrant les variations de résistance d'une feuille de papier sous l'influence d'un courant électrique (continu). *Troisième expérience :* Electrodes en aluminium.

Quel que soit le temps d'expérience, la résistance, une fois le point maximum atteint, restait absolument constante, comme le prouvent les courbes (fig. 1 et 2). Cette résistance, pour de mêmes feuilles de papier et dans des conditions identiques d'expériences, ne s'est pas trouvée être la même suivant les électrodes employées. Dans les cas d'électrodes en cuivre ou en laiton, cette résistance s'est trouvée moindre que dans les cas d'électrodes en aluminium ou d'électrodes platinées ou dorées. Il est hors de doute que la différence observée entre la résistance initiale du papier et celle obtenue à la fin de l'expérience, lors de l'application du courant électrique, est due à la petite quantité de sels métalliques qui, par électrolyse, ont pénétré la feuille de papier dans la partie recouverte par les électrodes. On comprend donc que la feuille de papier présente en cet endroit, au point de vue diélectrique, un point faible comparativement au reste de la feuille.

Il est à remarquer également que ces points imprégnés de sels métalliques ont un pouvoir hygroscopique plus considérable que celui du papier lui-même, et de ce fait diminuent dans des proportions parfois assez importantes les qualités isolantes du papier envisagé.

Il est bien entendu que tout ce que nous venons de dire concernant des feuilles de bloc-notes, peut se rapporter également à toute substance isolante ayant la faculté d'absorber de l'humidité, notamment le coton recouvrant les fils de cuivre qui servent à l'enroulement des induits et des inducteurs des machines électriques.

Avant de poursuivre, nous croyons intéressant de relater quelques-unes des expériences que nous avons faites à ce sujet et dont les résultats feront comprendre, mieux qu'une longue description, l'intérêt de ces recherches.

Première Expérience : *Électrodes de laiton*

Temps sec.

HEURE	DURÉE D'ÉLECTRISATION en minutes	GENRE de courant	TENSION en volts	INTENSITÉ en ampères	RÉSISTANCE en ohms
8 h. 34	1re application	courant continu	800	0,000001	800.000.000
8 h. 35	1	»	»	0,000003	266.667.000
8 h. 36	1	»	»	0,000010	80.000.000
8 h. 37	1	»	»	0,000015	53.334.000
8 h. 38	1	»	»	0,0000165	48.484.850
8 h. 39	1	»	»	0,000018	44.444.450
8 h. 40	1	»	»	0,000020	40.000.000
8 h. 45	5	»	»	0,000035	22.857.140
8 h. 50	5	»	»	0,000060	13.333.350
8 h. 55	5	»	»	0,000080	10.000.000
9 h.	5	»	»	0,000100	8.000.000
9 h. 05	5	»	»	0,000125	6.400.000
9 h. 06	1	»	»	0,000140	5.714.300
9 h. 07	1	»	»	0,000156	5.128.000
9 h. 08	1	»	»	0,000178	4.490.000
9 h. 09	1	»	»	0,000188	4.255.500
9 h. 10	1	»	»	0,000215	3.721.000
9 h. 11	1	»	»	0,000228	3.509.000
9 h. 12	1	»	»	0,000250	3.200.000
9 h. 13	1	»	»	0,000260	3.077.700
9 h. 14	1	»	»	0,000285	2.807.800
9 h. 15	1	»	»	0,000310	2.580.000
9 h. 16	1	»	»	0,000340	2.353.000
9 h. 17	1	»	»	0,000390	2.050.000
9 h. 18	1	»	»	0,000440	1.818.180
9 h. 19	1	»	»	0,000460	1.740.000
9 h. 20	1	»	»	0,000515	1.533.400
9 h. 21	1	»	»	0,000570	1.403.000
9 h. 22	1	»	»	0,000650	1.230.700
9 h. 23	1	»	»	0,000790	1.012.600
9 h. 24	1	»	»	0,000900	888.890
9 h. 25	1	»	»	0,000995	804.030
9 h. 26	1	»	»	0,001120	714.300
9 h. 27	1	»	»	0,001540	519.500
9 h. 28	1	»	»	0,001560	512.800
9 h. 29	1	»	»	0,001585	504.740
9 h. 30	1	»	»	»	»
9 h. 31	1	»	»	0,001730	463.000
9 h. 32	1	»	»	0,001800 (point culminant)	444.450
9 h. 33	1	»	»	0,001770	451.970
9 h. 34	1	»	»	0,001750	456.570
9 h. 35	1	»	»	0,001770	451.970
9 h. 36	1	»	»	0,001730	463.000
9 h. 37	1	»	»	0,001730	»
9 h. 38	1	»	»	0,001690	473.370
9 h. 39	1	»	»	0,001640	487.800
9 h. 40	1	»	»	0,001615	495.850
9 h. 41	1	»	»	0,001590	503.150
9 h. 42	1	»	»	»	»
9 h. 43	1	»	»	»	»

HEURE	DURÉE D'ÉLECTRISATION en minutes	GENRE de courant	TENSION en volts	INTENSITÉ en ampères	RÉSISTANCE en ohms
9 h. 44	1	courant continu	800	0,001560	513.000
9 h. 45	1	»	»	0,001500	533.340
9 h. 46	1	»	»	0,001470	544.220
9 h. 47	1	»	»	0,001440	555.560
9 h. 48	1	»	»	»	»
9 h. 49	1	»	»	0,001370	583.950
9 h. 50	1	»	»	0,001290	620.150
9 h. 51	1	»	»	0,001280	625.000
9 h. 52	1	»	»	0,001270	629.930
9 h. 53	1	»	»	0,001230	650.400
9 h. 54	1	»	»	0,001200	666.660
9 h. 55	1	»	»	»	»
9 h. 56	1	»	»	0,001180	677.120
9 h. 57	1	»	»	0,001150	695.000
9 h. 58	1	»	»	0,001140	701.900
9 h. 59	1	»	»	0,001110	720.720
10 h.	1	»	»	0,001080	740.740
10 h. 01	1	»	»	0,001060	754.710
10 h. 02	1	»	»	0,001050	762.000
10 h. 03	1	»	»	0,001030	776.700
10 h. 04	1	»	»	0,000980	816.350
10 h. 05	1	»	»	0,001020	784.300
10 h. 06	1	»	»	0,001020	784.300
10 h. 07	1	»	»	0,000960	833.300
10 h. 08	1	»	»	0,001020	784.300
10 h. 09	1	»	»	0,001020	784.300
10 h. 10	1	»	»	0,000960	833.300
10 h. 11	1	»	»	0,000940	851.000
10 h. 12	1	»	»	0,000940	851.000
10 h. 13	1	»	»	0,000990	818.300
10 h. 14	1	»	»	0,000960	833.300
10 h. 15	1	»	»	0,000960	»
10 h. 16	1	»	»	0,000960	835.500
10 h. 17	1	»	»	0,000960	833.330
10 h. 18	1	»	»	0,000950	835.500
10 h. 19	1	»	»	0,000960	833.300
10 h. 20	1	»	»	0,000960	»
10 h. 21	1	»	»	0,000960	»
10 h. 22	1	»	»	0,000950	835.500
10 h. 23	1	»	»	0,000960	833.330
10 h. 24	1	»	»	»	»
10 h. 25	1	»	»	»	»
10 h. 30	5	»	»	»	»
10 h. 35	5	»	»	»	»
10 h. 40	5	»	»	»	»
10 h. 45	5	»	»	»	»
10 h. 50	5	»	»	»	»
10 h. 55	5	»	»	»	»
11 h.	5	»	»	»	»
11 h. 05	5	»	»	»	»
11 h. 10	5	»	»	»	»
11 h. 15	5	»	»	»	»

HEURE	DURÉE D'ÉLECTRISATION en minutes	GENRE de courant	TENSION en volts	INTENSITÉ en ampères	RÉSISTANCE en ohms
11 h. 15	5	courant continu	800	»	»
11 h. 20	5	»	»	»	»
11 h. 25	5	»	»	0,000980	816.300
11 h. 30	5	»	»	0,001000	800.000
11 h. 35	5	»	»	0,001060	754.710
11 h. 40	5	»	»	0,001080	740.740
11 h. 45	5	»	»	0,001080	740.740
11 h. 50	5	»	»	0,001070	747.650
11 h. 55	5	»	»	0,001080	740.740
12 h.	5	»	»	0,001070	747.650
12 h. 05	5	»	»	0,001060	754.710
12 h. 07	2	»	»	0,001040	769.000
12 h. 10	3	»	»	0,001020	784.300
12 h. 13	3	»	»	0,001000	800.000
12 h. 14	1	»	»	0,000990	818.300
12 h. 17	3	»	»	0,000980	816.300
12 h. 19	2	ɪ	»	0,000980	»

Midi 20 arrêt. — Reprise à 2 heures.

HEURE	DURÉE D'ÉLECTRISATION en minutes	GENRE de courant	TENSION en volts	INTENSITÉ en ampères	RÉSISTANCE en ohms
2 h. 30	Application du courant	courant continu	800	0,000650	1.230.000
2 h. 33	3	»	»	0,000715	1.104.850
2 h. 35	2	»	»	0,000760	1.052.600
2 h. 36	1	»	»	0,000820	975.350
2 h. 37	1	»	»	0,000855	935.600
2 h. 38	1	»	»	0,000870	919.540
2 h. 39	1	»	»	0,000930	860.215
2 h. 40	1	»	»	0,000970	824.742
2 h. 41	1	»	»	0,001030	776.699
2 h. 42	1	»	»	0,001108	722.020
2 h. 43	1	»	»	0,001020	784.314
2 h. 44	1	»	»	0,001150	700.000
2 h. 45	1	»	»	0,001180	678.000
2 h. 46	1	»	»	0,001230	650.400
2 h. 47	1	»	»	0,001300	615.400
2 h. 48	1	»	»	0,001370	583.950
2 h. 49	1	»	»	0,001390	575.550
2 h. 50	1	»	»	0,001440	555.560
2 h. 51	1	»	»	0,001450	551.725
2 h. 52	1	»	»	0,001480	540.540
2 h. 53	1	»	»	0,001510	530.000
2 h. 54	1	»	»	0,001550	516.130
2 h. 55	1	»	»	0,001600	500.000
2 h. 56	1	»	»	0,001650	480.000
2 h. 57	1	»	»	0,001650	480.000
2 h. 58	1	»	»	0,001690	473.370
2 h. 59	1	»	»	0,001730	463.000
3 h.	1	»	»	»	»
3 h. 01	1	»	»	»	»
3 h. 02	1	»	»	»	»
3 h. 03	1	»	»	»	»
3 h. 04	1	»	»	»	»
3 h. 05	1	»	»	»	»
3 h. 08	3	»	»	0,001690	473.370

HEURE	DURÉE D'ÉLECTRISATION en minutes	GENRE de courant	TENSION en volts	INTENSITÉ en ampères	RÉSISTANCE en ohms
3 h. 10	2	courant continu	800	0,001620	493.850
3 h. 11	1	»	»	0,001590	503.150
3 h. 12	1	»	»	0,001550	516.130
3 h. 13	1	»	»	0,001510	530.000
3 h. 14	1	»	»	0,001480	540.540
3 h. 15	1	»	»	0,001440	555.560
3 h. 20	5	»	»	0,001190	672.290
3 h. 24	2	»	»	0,001100	727.275
3 h. 25	1	»	»	0,001060	754.710
3 h. 27	2	»	»	0'001030	776.700
3 h. 28	1	»	»	0,000980	816.325
3 h. 30	2	»	»	0,000960	833.330
3 h. 31	1	»	»	0,000920	870.000
3 h. 32	1	»	»	0,000900	888.890
3 h. 33	1	»	»	0,000870	919.540
3 h. 34	1	»	»	0,000860	930.000
3 h. 35	1	»	»	0,000830	967.300
3 h. 36	1	»	»	0,000810	987.500
3 h. 37	1	»	»	0,000790	1.012.600
3 h. 38	1	»	»	0,000780	1.025.600
3 h. 39	1	»	»	0,000765	1.045.700
3 h. 40	1	»	»	0,000750	1.066.670
3 h. 41	1	»	»	0,000740	1.080.000
3 h. 42	1	»	»	0,000730	1.095.000
3 h. 43	1	»	»	0,000720	1.111.120
3 h. 44	1	»	»	0,000715	1.118.890
3 h. 45	1	»	»	0,000700	1.143.000
3 h. 46	1	»	»	0,000680	1.176.450
3 h. 47	1	»	»	0,000670	1.192.500
3 h. 48	1	»	»	0,000670	1.192.500
3 h. 49	1	»	»	0,000665	1.203.000
3 h. 50	1	»	»	0,000665	1.203.000
3 h. 55	5	»	»	0,000620	1.290.300
4 h.	5	»	»	0,000608	1.319.000
4 h. 05	5	»	»	0,000570	1.403.500
4 h. 10	5	»	»	0,000555	1.441.400
4 h. 15	5	»	»	0,000550	1.454.540
4 h. 20	5	»	»	0,000520	1.538.400
4 h. 25	5	»	»	0,000500	1.600.000
4 h. 30	5	»	»	0,000460	1.739.000
4 h. 35	5	»	»	0,000460	1.739.000
4 h. 40	5	»	»	0,000460	1.739.000
4 h. 45	5	»	»	0,000430	1.860.400
4 h. 50	5	»	»	0,000390	2.051.300
4 h. 55	5	»	»	0,000370	2.162.100
5 h.	5	»	»	0,000350	2.285.700
5 h. 05	5	»	»	0,000350	2.285.700
5 h. 10	5	»	»	0,000350	2.285.700
5 h. 15	5	»	»	0,000350	2.285.700
5 h. 20	5	»	»	0,000350	2.285.700
5 h. 25	5	»	»	0,000344	2.325.500
5 h. 30	5	»	»	0,000340	2.352.900
5 h. 35	5	»	»	0,000330	2.424.200
5 h. 40	5	»	»	0,000330	2.424.200
5 h. 45	5	»	»	0,000327	2.446.400

HEURE	DURÉE D'ÉLECTRISATION en minutes	GENRE de courant	TENSION en volts	INTENSITÉ en ampères	RÉSISTANCE en ohms
5 h. 50	5	courant continu	800	0,000325	2.464.600
5 h. 55	5	»	»	0,000325	2.464.600
6 h.	5	»	»	0,000320	2.500.000
6 h. 05	5	»	»	0,000320	2.500.000
6 h. 10	5	»	»	0,000320	2.500.000
6 h. 15	5	»	»	0,000320	2.500.000

Arrêt, l'intensité restant constante.

Remarque. — L'emplacement de la feuille recouvert par les électrodes a perdu le brillant de la surface ; une couronne blanche correspond sur le papier à la partie noire de l'électrode inférieure pôle +, laquelle est fortement attaquée et a nécessité un fort nettoyage au papier d'émeri.

Il est à remarquer que les électrodes avaient peu à peu chauffé jusqu'à 40-45° lors de l'expérience.

Deuxième expérience

Papier de bloc-notes semblable à celui ayant servi lors des premiers essais mais après une heure d'étuvage à 100° dans une bouilloire.

Premier essai

GENRE de courant	TENSION en volts	INTENSITÉ
continu	500	pas de dérivation.
»	600	»
»	700	»
»	800	»
»	900	très faible dérivation.
»	1.090	sauté brusquement.

Deuxième essai

Un autre point est soumis à l'essai après nettoyage des deux électrodes.

GENRE de courant	TENSION en volts	INTENSITÉ
continu	1.200	pas de dérivation.
	Troisième essai	
»	1.250	sans dérivation sensible du galvanomètre.
	Quatrième essai	
»	1.100	»
	Cinquième essai	
»	1.250	»

Troisième expérience : *Temps humide*

Nouvelle feuille de bloc-notes : électrodes en aluminium.

HEURE	DURÉE D'ÉLECTRISATION en minutes	GENRE de courant	TENSION en volts	INTENSITÉ en ampères	RÉSISTANCE en ohms
9 h. 03	1ʳᵉ appl. du cour.	courant continu	800	0,000118	6.771.200
9 h. 04	1	»	»	0,000130	6.153.800
9 h. 05	1	»	»	0,000132	6.060.600
9 h. 06	1	»	»	0,000135	5.925.900
9 h. 07	1	»	»	0,000140	5.714.300
9 h. 08	1	»	»	0,000150	5.333.400
9 h. 09	1	»	»	0,000160	5.000.000
9 h. 10	1	»	»	0,000178	4.490.000
9 h. 11	1	»	»	0,000200	4.000.000
9 h. 12	1	»	»	0,000250	3.200.000
9 h. 13	1	»	»	0,000330	2.424.200
9 h. 14	1	»	»	0,000370	2.162.100
9 h. 15	1	»	»	0,000380	2.105.200
9 h. 16	1	»	»	0,000390	2.050.000
9 h. 17	1	»	»	0,000410	1.951.200
9 h. 18	1	»	»	0,000436	1.834.800
9 h. 19	1	»	»	0,000450	1.777.780
9 h. 20	1	»	»	0,000470	1.702.100
9 h. 21	1	»	»	0,000510	1.568.630
9 h. 22	1	»	»	0,000560	1.428.800
9 h. 23	1	»	»	0,000620	1.290.300
9 h. 24	1	»	»	0,000660	1.212.100
9 h. 25	1	»	»	0,000730	1.080.000
9 h. 26	1	»	»	0,000790	1.012.600
9 h. 27	1	»	»	0,000850	941.680
9 h. 28	1	»	»	0,000900	888.890
9 h. 29	1	»	»	0,000960	870.000
9 h. 30	1	»	»	0,001040	769.230
9 h. 31	1	»	»	0,001090	734.000
9 h. 32	1	»	»	0,001120	714.280
9 h. 33	1	»	»	0,001140	701.900
9 h. 34	1	»	»	0,001150	695.000
9 h. 35	1	»	»	0,001162	688.450
9 h. 36	1	»	»	0,001165	686.700
9 h. 37	1	»	»	0,001163	688.000
9 h. 38	1	»	»	0,001160	689.600
9 h. 39	1	»	»	0,001150	695.000
9 h. 40	1	»	»	0,001130	708.000
9 h. 41	1	»	»	0,001118	715.560
9 h. 42	1	»	»	0,001060	754.710
9 h. 43	1	»	»	0,001030	776.700
9 h. 44	1	»	»	0,001020	784.300
9 h. 45	1	»	»	0,000960	833.330
9 h. 46	1	»	»	0,000940	851.000
9 h. 47	1	»	»	0,000920	870.000
9 h. 48	1	»	»	0,000870	919.540
9 h. 49	1	»	»	0,000810	987.500
9 h. 50	1	»	»	0,000760	1.052.600

HEURE	DURÉE D'ÉLECTRISATION en minutes	GENRE de courant	TENSION en volts	INTENSITÉ en ampères	RÉSISTANCE en ohms
9 h. 51	1	courant continu	800	0,000715	1.104.850
9 h. 52	1	»	»	0,000680	1.176.450
9 h. 53	1	»	»	0,000650	1.230.000
9 h. 54	1	»	»	0,000630	1.270.000
9 h. 55	1	»	»	0,000608	1.403.500
9 h. 56	1	»	»	0,000608	1.403.500
9 h. 57	1	»	»	0,000595	1.346.000
9 h. 58	1	»	»	0,000583	1.372.000
9 h. 59	1	»	»	0,000570	1.403.000
10 h.	1	»	»	0,000560	1.428.500
10 h. 02	2	»	»	0,000550	1.454.540
10 h. 03	1	»	»	0,000540	1.479.300
10 h. 04	1	»	»	0,000530	1.509.400
10 h. 05	1	»	»	0,000530	1.509.400
10 h. 10	5	»	»	0,000523	1.529.600
10 h. 15	5	»	»	0,000523	1.529.600
10 h. 20	5	»	»	0,000550	1.454.540
10 h. 21	1	»	»	0,000560	1.428.500
10 h. 22	1	»	»	0,000565	1.415.900
10 h. 23	1	»	»	0,000570	1.403.000
10 h. 24	1	»	»	0,000575	1.391.900
10 h. 25	1	»	»	0,000575	1.391.000
10 h. 30	5	»	»	0,000575	1.391.000
10 h. 40	10	»	»	0,000583	1.372.200
10 h. 42	2	»	»	0,000640	1.250.000
10 h. 45	3	»	»	0,000660	1.212.120
10 h. 46	1	»	»	0,000680	1.176.450
10 h. 47	1	»	»	0,000700	1.143.000
10 h. 48	1	»	»	0,000710	1.126.900
10 h. 49	1	»	»	0,000720	1.111.120
10 h. 50	1	»	»	0,000730	1.095.000
10 h. 55	5	»	»	0,000730	1.095.000
11 h.	5	»	»	0,000760	1.052.600
11 h. 05	5	»	»	0,000730	1.095.000
11 h. 50	45	»	»	0,000550	1.454.540
12 h. 05	15	»	»	0,000530	1.509.400
12 h. 06	1	»	»	0,000490	1.632.600
12 h. 15	9	»	»	0,000470	1.700.000

Arrêt. — Reprise à :

HEURE	DURÉE D'ÉLECTRISATION en minutes	GENRE de courant	TENSION en volts	INTENSITÉ en ampères	RÉSISTANCE en ohms
2 h. 45	1ʳᵉ appl. du cour.	courant continu	800	0,001370	584.000
2 h. 46	1	»	»	0,000960	784.300
2 h. 50	4	»	»	0,000870	919.540
2 h. 55	5	»	»	0,000920	870.000
3 h.	5	»	»	0,000900	888.890
3 h. 05	5	»	»	0,000715	1.104.850
3 h. 07	2	»	»	0,000610	1.311.500
3 h. 15	8	»	»	0,000480	1.666.660
3 h. 23	8	»	»	0,000450	1.777.780
3 h. 30	7	»	»	0,000430	1.860.400

HEURE	DURÉE D'ÉLECTRISATION en minutes	GENRE de courant	TENSION en volts	INTENSITÉ en ampères	RÉSISTANCE en ohms
4 h.	30	courant continu	800	0,000390	2.051.300
4 h. 15	15	»	»	0,000370	2.162.100
4 h. 30	15	»	»	0,000360	2.222.230
4 h. 45	15	»	»	0,000280	2.857.100
4 h. 50	5	»	»	0,000250	3.200.000
5 h.	10	»	»	0,000240	3.333.340
5 h. 15	15	»	»	0,000232	3.448.000
5 h. 30	15	»	»	0,000237	3.375.000
5 h. 45	15	»	»	0,000240	3.333.340
6 h.	15	»	»	0,000240	3.333.340
6 h. 15	15	»	»	0,000240	3.333.340
6 h. 30	15	»	»	0,000240	3.333.340

Arrêt, l'intensité restant constante.

De très nombreuses expériences similaires ont été faites par des temps secs ou humides avec des électrodes de métaux différents, mais tous les résultats se rapprochent de ceux que nous avons donnés en exemples.

Il est certain qu'au bout de quelques heures d'application du courant, l'emplacement recouvert par les électrodes (lesquelles, nous l'avons dit, arrivent à une température de 40° environ) a subi un séchage assez parfait.

Il est intéressant de noter les différentes phases de l'expérience. Après quelque temps d'électrisation, on peut remarquer sur la feuille de papier et sur les électrodes de très légères traces d'eau libre qui certainement contribuent à faire chuter la résistance, soit à élever l'intensité du courant traversant la feuille. Il peut alors se passer deux genres de phénomènes, suivant la tension admise et l'état d'hygrométricité de la feuille de papier soumise à l'expérience.

Ou bien, comme c'est le cas dans les expériences 1 et 3, la quantité d'eau n'est pas suffisante pour que l'intensité permette à l'étincelle de traverser la feuille, et alors peu à peu le séchage se fera, l'intensité diminuera pour arriver à un point fixe qui donne la résistivité nouvelle de cette place du papier ; ou bien, la tension étant trop forte ou la quantité d'eau trop considérable, l'intensité montera continuellement jusqu'à percussion, comme le prouve l'expérience 2 et la suivante :

Quatrième expérience

Feuille de papier bloc-notes sans séchage :
électrodes dorées.

HEURE	GENRE de courant	TENSION en volts
2 h. 59	courant continu	1.000
3 h.	»	»
3 h. 01	»	»
3 h. 02	»	»
3 h. 03	»	»
3 h. 04	»	1.010
3 h. 05	»	990

Sauté brusquement à 1.000 v ; les électrodes sont à 35-37°.

Remarque. — La feuille présente une partie mate sur toute la surface des électrodes ; légère teinte blanchâtre.

CHAPITRE II

Qualités que doit posséder un Isolant

Les qualités que doit posséder simultanément un bon isolant sont nombreuses et diverses et la nomenclature suivante démontre que la réunion, en un seul produit, de toutes ces qualités, est un problème dont la solution n'est pas aisée.

En effet, la matière isolante doit avoir :

1º Un grand pouvoir isolant ;

2º Une grande ténacité et présenter une grande résistance aux causes de destruction d'ordre physique, et notamment résister aux vibrations ;

3º Une grande élasticité. Ne pas être friable ;

4º Une longue durée ;

5º Une grande imperméabilité à l'humidité ; en conséquence, les matières employées ne doivent pas être hygroscopiques ;

6º Une résistance aussi grande que possible à la chaleur ;

7º Une grande indifférence aux acides, et, d'une façon générale, aux agents chimiques ;

8º Une composition telle que son emploi permette une utilisation maximum de l'espace réservé au bobinage.

Il y a lieu de remarquer à ce propos qu'un bon isolant doit empêcher non seulement la décharge conductive, mais aussi la décharge disruptive.

Dans la mesure d'un isolant, ainsi que nous l'avons indiqué lors des expériences sur des feuilles de bloc-notes, on applique la loi d'Ohm,

$I = \dfrac{E}{R}$ et, pour une différence de potentiel donnée, l'intensité passant à travers le corps expérimenté permet d'en déduire la résistance :

$$R = \dfrac{E}{I}.$$

Inversement, connaissant la résistance d'isolement d'un corps, il sera facile de déterminer la valeur de la perte due au passage lent du courant à travers la masse isolante ; c'est là le cas de décharge conductive.

Mais, indépendamment de la plus ou moins grande résistance qu'oppose un isolant au passage continu du courant, il doit encore résister à l'action brusque du courant, sous forme d'étincelle, ce qui constitue la décharge disruptive que l'on observe lorsque les potentiels sont élevés.

Il y a des cas où ces deux qualités : résistance à la rupture et résistance d'isolement, ne sont pas équivalentes dans un même corps ; c'est ce qui arrive pour l'air qui est le meilleur isolant connu, au point de vue de la décharge conductive, mais qui se laisse facilement traverser par l'étincelle : sa résistance à la rupture est faible.

Enfin, l'on observe que, contrairement à ce qui se passe avec les métaux, la résistance d'isolement diminue quand la température s'élève. Cette diminution, surtout si l'on considère des isolants solides, est assez rapide et on peut l'évaluer par la formule :

$$R_t = R_0 a^t,$$

a étant un coefficient spécial à chaque substance.

I. — RÉSISTIVITÉ

La résistance, ou résistance spécifique (ρ) d'un isolant — $\rho = \dfrac{R\,s}{l}$ — a comme unité pratique l'ohm-centimètre, mais vu les chiffres très élevés auxquels on atteint, on exprime le plus souvent, pour les isolants, les résistivités en millions de mégohms-centimètre.

Voici les chiffres relatifs à quelques substances :

SUBSTANCE	RÉSISTIVITÉ en millions de mégohms-cent.	TEMPÉRATURE en degrés C	Expérimentateur
Air sec	pratiquement infinie à la température ordinaire		
Paraffine	34.000	46°	Preece.
Ebonite	28.000	46°	»
Caoutchouc vulcanisé pour câbles	15.000	24°	Ayrton et Perry.
Gomme laque	9.000	28°	» x
Gutta-percha	450	24°	» »
Mica	84	20°	» »
Cristal	6.182	46°	G. Foussereau.
Verre ordinaire	91	20°	»
Verre dur de Bohême	7	20°	»

Corps médiocrement isolants, résistance exprimée en mégohms-cent.

CORPS	RÉSISTIVITÉ MOYENNE en mégohms-cent.	
Marbre blanc	8.800	
Cerisier	6.000	
Chêne	3.200	
Noyer	2.100	
Pin blanc	1.470	
Sapin	1.050	B. O. Peirce.
Frêne	700	
Acajou	610	
Stéatite	500	
Ardoise	280	
Fibre vulcanisée	60	

II. — HYSTÉRÉSIS DIÉLECTRIQUE

Il y a lieu d'observer un curieux phénomène, caractéristique des isolants solides : Prenons un condensateur et soumettons-le à une différence de potentiel alternative ; imaginons que l'on mesure à chaque instant la charge Q du condensateur, et la différence de potentiel E entre des armatures. A l'état statique, on a :

$$Q = CE$$

et la représentation graphique du phénomène donne une ligne droite.

Pendant la période variable, au contraire, on observe que la charge est plus petite pour les potentiels croissants que pour les potentiels décroissants. La représentation est analogue à un cycle d'hystérésis (*Steinmetz*). Ce phénomène correspond à une perte d'énergie dans le diélectrique, énergie transformée en chaleur. C'est l'hystérésis diélectrique, dont l'intensité dépend de la fréquence des cycles : l'homogénéité de la matière semble jouer là un rôle capital.

CHAPITRE III

Classification des Isolants

Les très nombreuses substances utilisées dans l'isolation des machines et appareils électriques peuvent être classées en :

1° *Isolants solides durs* ;
2° *Isolants solides mous (plastiques)* ;
3° *Isolants liquides* ;
4° *Isolants gazeux.*

Ces divers types se subdivisent eux-mêmes en de multiples sous-dérivés.

Nous étudierons successivement les principaux représentants de ces quatre grandes classes.

1° Isolants solides durs. — Parmi ceux-ci, nous pouvons citer, en ce qui concerne les produits manufacturés :

Les isolants à base de papier.
   —   — *toile et de soie.*
   —   — *caoutchouc.*
   —   — *mica.*
   —   — *amiante.*
   —   — *matières minérales autres, telles que la magnésie, etc.*
   —   — *soufre.*
   —   — *résines.*
La porcelaine.
Le verre.
Le grès.
Produits divers : *Céramo-cristal-opaline*, etc.

Quant aux substances naturelles utilisées comme isolants, ce sont, notamment :

Le bois.
L'ardoise.
Le marbre.
Le mica.
La gomme laque.
L'amiante.

2° Isolants solides mous (plastiques).

La paraffine.
L'asphalte.
La gutta-percha.
Le caoutchouc.

3° Isolants liquides.

Les isolants à base de caoutchouc.
    —   —   *gomme laque.*
    —   —   *asphalte.*
    —   —   *résines.*
    —   —   *huiles.*
Les huiles.
Le pétrole.
La glycérine.

4° Isolant gazeux. — En pratique, il n'y a à envisager que l'*air* dans cette classe.

PRODUITS NATURELS. — ISOLANTS SOLIDES DURS

Parmi les isolants non manufacturés, il est incontestable que celui qui devait tout d'abord tenter les industriels a été *le bois.*

Le bois. — En effet, comme base, support, socle, etc., des premiers appareils électriques, *le bois* a été de beaucoup le plus employé.

Suffisamment abondant partout pour que son prix ne soit pas trop élevé, se laissant travailler facilement, le bois avait de réels avantages, alors que les puissances et les tensions employées n'étaient pas, tant s'en faut, aussi considérables qu'aujourd'hui.

Mais peu à peu, avec les progrès apportés dans l'industrie électrique, les appareils devenant plus délicats, et leur emploi plus dangereux par suite de l'élévation des voltages employés, un certain nombre d'accidents imputables à l'isolant que nous étudions, jetèrent quelque discrédit sur cette matière et la firent abandonner pour certaines installations.

On utilisait notamment le bois (chêne de préférence) pour la fabrication des tableaux de distribution, lesquels sont, à l'heure actuelle, construits en marbre avec montures de fer, ou encore complètement en fer, les appareils étant montés sur des isolateurs de porcelaine fixés aux ferrures du tableau.

Afin de pallier en partie au fait que le bois *se voile* facilement sous l'influence de la chaleur ou de l'humidité, les tableaux de distribution étaient composés de lattes peu larges ajustées soigneusement l'une à l'autre.

Le principal reproche fait au bois était naturellement son inflammabilité, cause de plusieurs sinistres.

Cependant, un bois bien sec, bien imprégné d'huile de lin pour le rendre moins hygroscopique, peut rendre des services dans certains appareils spéciaux où les dangers d'incendie ne sont pas à craindre.

L'ardoise. — En raison de son incombustibilité et de sa susceptibilité d'acquérir un assez beau poli, l'ardoise eut et possède encore une certaine renommée qu'elle mérite en partie.

En effet, tous les bancs d'ardoise ne sont pas également propres à être utilisés dans l'industrie électrique.

Certains échantillons se séparent en feuillets, se clivent, lorsqu'on les chauffe pour les vernir. D'autres ont, dans leur masse, des veines métalliques très dangereuses et qui peuvent causer de grands accidents.

On a vu, sur des socles d'interrupteurs en ardoise, les bornes être réunies par une veine de sulfure de fer (pyrite) et le courant passer directement d'une borne à l'autre à faible voltage.

Il convient donc de s'assurer de la qualité de la matière que l'on désire employer.

Le marbre. — Le marbre fut également utilisé pour remplacer le bois, notamment dans les tableaux et pour les socles d'appareils. C'est certainement un des meilleurs produits que l'on possède, et ses teintes diverses peuvent être employées pour former des ensembles d'un fort bel aspect.

Il ne faut cependant pas vouloir l'employer en lames trop minces, car alors il se brise facilement tandis qu'on le travaille ou durant le montage.

Malheureusement, comme nous venons de le voir pour l'ardoise, le marbre peut contenir des sels métalliques qui le rendent plus ou moins impropre à être utilisé. Il convient donc d'examiner attentivement les planches aussitôt à leur arrivée à l'atelier.

Un des principaux avantages du marbre est de pouvoir être débité en dimensions assez considérables, ce qui est précieux pour les tableaux d'installations électriques, encore qu'aujourd'hui on tende plutôt à diminuer ces dimensions afin de faciliter le transport, le montage et le démontage.

Le marbre le plus employé est le marbre blanc ou quelque peu veiné ; le marbre noir, d'un grain beaucoup plus fin et plus serré, par conséquent plus dur, est moins utilisé et ne trouve emploi que dans certains appareils.

Nous donnons plus loin des résultats d'essais avec courant continu et courant alternatif ; bien que dans l'échantillon expérimenté, les tensions de percussion aient été relativement élevées, certains inspectorats n'autorisent pas l'usage du marbre au-dessus de 500 v, mais exigent l'emploi d'isolateurs de porcelaine.

Résultats d'expérience. — *Feuille de marbre blanc de 20 mm d'épaisseur*

Premier essai, courant alternatif. — L'échantillon est percé de part en part après 75 secondes d'application de courant alternatif à 20.000 v. Un second essai amène la perforation après 2 minutes à 15.000 v alternatifs.

Deuxième essai, courant continu. — La perforation n'est obtenue qu'après 15 minutes d'application de courant continu, depuis 10.000 v à 45.000 v, en montant la tension de 5.000 v à la fois chaque deux minutes.

Déjà affaibli par l'expérience précédente au courant alternatif,
l'échantillon a montré des aigrettes légères dès 10.000 v, allant gran-
dissant jusqu'à 45.000 v, point critique. Cet essai montre nettement
combien les isolants résistent mieux au courant continu qu'à l'alternatif.

Le mica. — Comme produit naturel, il nous reste à parler des micas.
Les micas sont des silicates à structure lamelleuse, clivables presque
à l'infini, rayés par l'ongle et brillant d'un éclat presque métallique.
Leur densité est 2,8 environ, leur dureté 2,5. Les cristaux de mica
ont souvent de grandes dimensions : on s'en sert en Russie comme de
carreaux de vitres et ils sont actuellement employés chez nous comme
tubes aux lampes à incandescence système Auer, aux lampes à pétrole
utilisées comme chauffage et comme garnitures à certains poëles.
Mais c'est surtout en électricité que le mica rend chaque jour les
plus grands services dans de multiples applications.
Les qualités spéciales du mica, aussi bien mécaniques qu'électriques,
ont fait que cet isolant est, à l'heure actuelle, parmi ceux qui sont le
plus couramment utilisés dans l'industrie électrique.
Dans l'isolation des bâtis, induits, inducteurs, collecteurs, appareils
divers, le mica est d'un emploi journalier et l'on doit reconnaître qu'il
mérite la confiance que veulent bien lui accorder les constructeurs.
Malheureusement, le mica, surtout de bonne qualité, devient de
plus en plus rare, et d'autre part il est impossible de l'obtenir en
dimensions un peu considérables.
Les prix, du reste, augmentent très rapidement pour une augmentation faible des dimensions, ainsi que le prouve le tableau suivant :

DIMENSIONS. extrêmes en millimètres des MORCEAUX D'ENVIRON	PRIX PAR KILOGRAMME en francs
45 × 82	1,20
45 × 92	1,55
57 × 82	2,30
57 × 92	2,65
70 × 100	3,30
90 × 130	5,60
115 × 180	9
140 × 230	14,10
200 × 300	21
500 × 500	40 et plus

Indépendamment de ce que les prix des dernières dimensions sont trop élevés pour permettre leur emploi d'une façon courante, il est indispensable, souvent, d'avoir des plaques ou bandes de mica beaucoup plus grandes ; pour obvier à ces inconvénients, les fabricants ont été amenés à agglutiner, au moyen de vernis spéciaux, des lames minces de mica convenablement choisies, de les presser fortement, de façon à obtenir des feuilles que nous étudierons plus loin et qui ont reçu le nom de *micanites*.

Au sujet des micas, il convient de remarquer que tous les genres ne sont pas également aptes à être utilisés et l'on doit choisir de préférence les plaques incolores, transparentes, n'accusant pas, par de vifs reflets, la présence de sels métalliques toujours préjudiciables.

Disons enfin que le clivage aisé du mica facilite considérablement l'emploi de cet isolant. Il résiste bien au feu, à l'humidité, aux acides, et est, par cela même, un précieux auxiliaire de l'électricien.

Gomme laque. — Cette résine, bien qu'étant parfois utilisée à l'état nature, a surtout son emploi comme vernis, dissoute dans l'alcool, et c'est sous cette forme que nous l'étudierons.

Amiante. — L'amiante est une substance minérale formée de silice, de magnésie et d'un peu de chaux. Elle se présente sous la forme de filaments longs, plus ou moins soyeux, de couleur blanche ou grise. Son incombustibilité la fait rechercher par plusieurs industries, mais dans ses applications électriques, c'est toujours sous forme manufacturée qu'elle est employée et nous l'étudierons plus loin.

Nous avons passé en revue les principaux isolants naturels utilisés dans l'industrie électrique ; nous étudierons maintenant les substances solides manufacturées.

CHAPITRE IV

Produits manufacturés

I. — CARTONS

Généralités. — Les cartons constituent une des classes d'isolants les plus employés.

Tant dans l'isolation des induits et des inducteurs que dans celle des transformateurs, ils sont utilisés chaque jour en très grandes quantités. Il faut dire que les qualités diverses des cartons autorisent et expliquent cette faveur marquée de la part des constructeurs.

En effet, avec un coût relativement faible, cette matière présente une résistance à l'étincelle assez élevée (de 100.000 v à 80.000 v par centimètre suivant les épaisseurs) et possède des propriétés mécaniques, de flexibilité et de résistance, grandement appréciables.

Les cartons peuvent être fabriqués dans les épaisseurs les plus diverses, ce qui présente un grand avantage ; d'autre part, les feuilles les moins épaisses sont naturellement celles qui, lors de la fabrication, sont comprimées le plus fortement, d'où pâte très serrée et quantité d'eau, restant dans la feuille, moins grande, toutes choses favorables.

Influence de l'épaisseur sur la rigidité électrostatique. — Toutefois les expériences auxquelles nous nous sommes livré sur de nombreux échantillons nous ont prouvé que, contrairement à l'idée ayant cours d'un pouvoir isolant graduellement meilleur à mesure que diminue l'épaisseur des cartons, il y a une limite au delà de laquelle la garantie devient moins certaine... Expliquons-nous.

Nos essais ont porté sur des cartons (presspahn) de composition et de qualité assez régulières, ayant les épaisseurs respectives suivantes:

4,6/10   8,3/10   11,8/10   21,5/10   51,5/10

La moyenne des essais a été de huit à dix dans chaque expérience.

Ayant tout d'abord recherché la tension de percussion, c'est-à-dire celle à laquelle l'échantillon est traversé par l'étincelle en montant graduellement en voltage, nous avons obtenu, pour les diverses épaisseurs :

46/100 mm d'épaisseur percée à

- 5.000 v
- 5.250 –
- 5.000 –
- 2.500 –
- 5.250 –
- 4.250 –
- 5.250 –
- 3.000 –
- 5.000 –
- 2.000 –

soit, en ne tenant pas compte des chiffres : 2.500 v, 3.000 v, 2.000 v, qui sont des points faibles (impuretés dans le carton ou autres), une moyenne de 5.000 v.

C'est ce chiffre seulement qui est indiqué par le fabricant parce que c'est la rigidité électrostatique de la pâte du carton, en tant qu'elle est bonne et homogène.

Dans les mêmes conditions, nous avons :

CARTON DE 83/100	de 118/100	215/100	515/100
percé à 9.500 v	10.500 v	18.000 v	42.000 v
9.600 –	11.800 –	20.800 –	46.000 –
8.500 –	11.500 –	20.600 –	41.000 –
8.500 –	11.500 –	20.600 –	48.000 –
8.100 –	11.500 –	21.000 –	48.000 –
9.300 –	11.300 –	21.000 –	
5.000 –	11.400 –	20.600 –	
5.500 –	11.500 –	19.000 –	
8.000 –			
8.300 –			
moyennes :			
8.725 v	11.350 v	20.200 v	45.200 v

ou, en rapportant les voltages au 1/10 de mm :

46/100	83/100	118/100	215/100	515/100
1088 v	1055 v	960 v	940 v	875 v

Dans ces conditions, la loi du pouvoir isolant en raison inverse des épaisseurs se vérifie bien, et semble donner raison aux partisans de l'opinion précitée; mais, en réalité, il est impossible, dans la pratique, d'admettre cette classification ; on ne peut et l'on ne doit tenir compte que des tensions minimales, nécessaires pour produire la détérioration du diélectrique, les chiffres plus élevés n'ayant plus raison d'être, puisque l'isolant est déjà traversé.

Or, si nous partons de ce point de vue, nous remarquons que l'ordre est tout autre.

Tensions minima nécessaires pour traverser 1/10 de mm des épaisseurs suivantes de cartons glacés (presspahn)

46/100	83/100	118/100	215/100	515/100
435 v	600 v	890 v	835 v	800 v

Contrairement aux premiers résultats, dans lesquels le carton le moins épais était en tête (1.088 v), il est maintenant le dernier de notre liste avec 435 v.

Cela tient à ce que, dans de petites épaisseurs, les moindres impuretés ou imperfections de la pâte ont une importance très considérable, qui diminue au fur et à mesure que s'augmentent les épaisseurs, pour devenir pratiquement négligeable.

D'après nos essais, ce sont les épaisseurs moyennes (le carton de 12/10 dans notre cas) qui donnent les meilleurs résultats.

Ils peuvent encore être très fortement comprimés lors de la fabrication, d'où grain très fin et bonne rigidité électrostatique et leur épaisseur est cependant déjà suffisante pour que les imperfections possibles aient une moins grande importance.

Influence de l'humidité sur la rigidité électrostatique. — Mais l'épaisseur n'est pas la cause la plus importante des différences existant dans les cartons ; l'eau y joue un rôle beaucoup plus considérable.

Nous n'avons vu jusqu'à présent que les différences de potentiel nécessaires pour qu'une étincelle traverse l'isolant, par une application instantanée du courant ; il reste maintenant à rechercher l'action de ce courant sur le diélectrique.

D'une façon générale, l'intensité monte très rapidement après l'application du courant ; de fortes aigrettes apparaissent, le carton se boursoufle et l'étincelle traverse.

C'est, en réalité, l'exagération de ce que nous avons reconnu pour la feuille de papier bloc-notes, mais dans des proportions considérablement plus grandes, surtout pour les fortes épaisseurs dans lesquelles, lors de la fabrication, il a été impossible d'extraire toute l'eau de la pâte.

Egalement comme lors des essais de papier, il peut arriver avec les cartons, qu'ayant monté aussitôt après l'application du courant, l'intensité atteint un maximum pour diminuer ensuite plus ou moins rapidement. Dans ces conditions, l'échantillon résiste, la percussion n'a pas lieu.

Voici quelques résultats concernant des épaisseurs très différentes :

$$46/100 \quad 29/10 \quad 51,5/10$$

a) Echantillon de 46/100 percé, en application instantanée du courant, à 4.200 v minimum (abstraction faite des points faibles dont nous avons déjà parlé).

Ce carton a été ensuite essayé avec applications prolongées du courant à :

1° 3.500 v pendant 20 minutes sans sauter ;

2° 3.500 v   —   —   —

3° 3.500 v   —   —   —

b) Echantillon de 29/10, percé en application instantanée du courant à un minimum de 24.500 v.

Ce carton a été ensuite essayé avec applications prolongées du courant à :

1° 16.000 v sauté en moins de 1/2 minute ; forte production d'eau;

2° 12.000 v sauté en moins de 1/2 minute ;

3° 8.000 v pendant 15 minutes sans sauter.

c) Echantillon de 51,5/10, percé en application instantanée du courant à un minimum de 41.000 v.

Ce carton a été ensuite essayé avec applications prolongées du courant à :

1° 32.000 v sauté après 1 minute (électrodes très mouillées) ;

2° 24.000 v sauté après 1 minute 1/2 (électrodes très mouillées) ;

3° 16.000 v sauté après 2 minutes (électrodes très mouillées);

4° 12.000 v pendant 15 minutes sans sauter.

D'après ces expériences, les différents cartons, suivant leur épaisseur, ont tenu respectivement, pendant plusieurs minutes, à des tensions :

46/100	29/10	51,5/10
1,2 fois	3,05 fois	3,4 fois

moindres que celles de la percussion immédiate, et cela uniquement par le fait de la formation d'eau libre dont la quantité augmente proportionnellement à l'épaisseur du carton.

Importance du séchage. — Il résulte de ces faits qu'il y a une importance très grande à sécher complètement et soigneusement les isolants avant de les utiliser dans la construction des machines ou appareils.

Ceci est une condition essentielle, si l'on ne veut pas avoir de grands ennuis lors des essais, et nombreux sont les accidents survenus par le fait que l'on a négligé de prendre cette précaution.

D'après nos essais, les avantages du séchage sont divers et nombreux. Non seulement la tension de percussion est progressivement plus élevée au fur et à mesure que s'élèvent les épaisseurs, mais encore, après un étuvage consciencieux, les points faibles que nous avons reconnu constituer un grave inconvénient dans les faibles épaisseurs, diminuent considérablement.

Voici d'ailleurs les résultats d'expériences :

1º *Carton presspahn, glacé ; épaisseur 46/100 de mm. Tensions nécessaires pour que l'étincelle traverse :*

NON SÉCHÉ	SÉCHÉ
4.800 v	4.200 v
2.500 –	4.400 –
4.500 –	4.200 –
3.500 –	4.700 –
4.200 –	4.400 –
	4.500 –

Dans ce cas, le séchage n'a pas eu pour résultat de modifier notablement la tension de percussion (ce sera le cas pour de plus grandes épaisseurs), mais les points faibles 2.500-3.500 v ont disparu, et somme toute l'ensemble du diélectrique a une valeur plus grande au point de vue de la sécurité d'isolation.

2º *Carton presspahn glacé 29/10.*

L'importance du séchage augmente en même temps que l'épaisseur du carton ; les différences dans la rigidité électrostatique deviennent rapidement très grandes avant et après l'étuvage.

Tensions nécessaires pour que l'étincelle traverse :

NON SÉCHÉ	SÉCHÉ
26.000 v	32.000 v
24.800 –	32.800 –
25.200 –	36.000 –
25.000 –	36.000 –
24.500 –	32.000 –
	32.000 –
moyenne 25.140 v	moyenne 33.470 v

Donc, gain très appréciable, mais bien plus considérable encore si l'on considère les essais avec applications prolongées du courant :

NON SÉCHÉ	SÉCHÉ
16.000 v sauté en moins de 1/2 min. 12.000 — — — — 8.000 — pendant 15 min. sans sauter. Limite environ 10.000 v.	30.000 v pendant 15 min. sans sauter. 28.000 — — — — 30.000 — sauté après 10 min. 29.000 — pendant 15 min. sans sauter. Limite environ 30.000 v.

L'échantillon est donc trois fois meilleur après étuvage.

3° *Carton glacé* 51,5/10.

NON SÉCHÉ	SÉCHÉ
32.000 v sauté après 1 min. 24.000 — — 1 min. 1/2 16.000 — — 2 min. 12.000 — pendant 15 min. sans sauter. Limite environ 14.000 v.	52.000 v pendant 15 min. sans sauter. Impossible d'aller plus haut, l'étincelle faisant le tour de l'échantillon. Limite, au-dessus de 52.000 v.

Donc plus de trois fois meilleur après étuvage.

Essais comparatifs à courant alternatif et à courant continu

Feuille de carton glacé, épaisseur 5 mm, courant alternatif

Premier essai		
TEMPS D'ÉLECTRISATION	TENSION	OBSERVATIONS
1 min. 1/2 30 secondes	9.000 v 11.000 —	 étincelle traverse
Deuxième essai		
2 minutes 15 secondes plus tard	9.000 v 9.000 —	fortes aigrettes étincelle traverse
Même feuille soumise au courant continu		
2 minutes 2 — 2 — 2 — 4 —	10.000 v 15.000 — 18.000 — 20.000 — 25.000 —	 étincelle traverse

Cet échantillon, percé deux fois à l'alternatif, en moyenne après deux minutes d'application de 10.000 v, a donc pu résister pendant 12 minutes à une tension moyenne de plus de 15.000 v et n'a cédé qu'après 4 minutes à 25.000 v continus.

II. — LES PAPIERS

La question des papiers a une importance très considérable dans l'isolation des machines électriques ; aussi doit-on porter toute son attention sur un choix judicieux de ceux-ci.

Essais électriques. — Nous passerons en revue quelques papiers qui peuvent être considérés comme de bons papiers ordinaires : *papier cellulose* ; *papier corde bulle chamois*.

Le papier cellulose, pour l'isolation des machines électriques, a été essayé au point de vue de sa résistance à l'étincelle et à celui de l'hygrométricité.

L'épaisseur était de $0^{mm},03$ et les essais électriques, comme pour le corde bulle chamois, ont porté sur quatre épaisseurs différentes :

Une épaisseur de papier ; ép. $= 0^{mm},03$ crevé à   250 v
Deux   —   — $= 0^{mm},06$ — à   562 —
Trois   —   — $= 0^{mm},09$ — à   900 —
Quatre —   — $= 0^{mm},12$ — à 1.125 —

Valeur isolante par 1 / 100 de mm d'épaisseur :

Avec une épaisseur de papier, l'étincelle passe à 83,2 v
— deux   —   —   —   93,6 —
— trois   —   —   —   100 —
— quatre —   —   —   93,3 —

Le papier cellulose est peut-être légèrement moins imperméable que le corde bulle chamois, mais paraît un peu plus résistant au point de vue mécanique.

Papier corde bulle chamois. — Comme le précédent, ce papier a été essayé au point de vue de l'hygrométricité et comme isolant.

L'échantillon avait une épaisseur de $0^{mm},04$ et les essais électriques ont porté sur diverses épaisseurs de papier :

Une épaisseur de papier	=	$0^{mm},04$	crevé à	350	v
Deux	—	= $0^{mm},08$	—	875	–
Trois	—	= $0^{mm},12$	—	1.325	–
Quatre	—	= $0^{mm},16$	—	1.625	–

Valeur isolante par 1 / 100 de mm d'épaisseur :

Une seule feuille de papier		88	v
Deux	—	109,3	–
Trois	—	108,7	–
Quatre	—	100,8	–

Ce papier est suffisamment étanche ; il ne *boit* pas, et ne se laisse pas traverser par l'eau, même après avoir été frotté des deux côtés, ce qui arrive avec certains papiers dont la surface seule est étanche.

Essais mécaniques. — Le papier n'est pas trop friable, ne se déchire pas facilement, mais serait un peu moins solide que le papier cellulose, qui, avec $0^{mm},03$ d'épaisseur, semble être aussi résistant que le corde bulle chamois à $0^{mm},04$ d'épaisseur.

Applications des papiers dans l'isolation ; imprégnation ; câbles (Expériences). — Les papiers sont surtout employés dans la fabrication des tubes pour l'isolation des fils dans les induits alvéolés, ainsi que dans l'isolation des bobines inductrices.

Il est naturellement de toute nécessité d'assurer un séchage aussi parfait que possible de ces substances avant leur emploi ; mais, fatalement, au bout d'un temps plus ou moins long, vu l'hygroscopicité plus ou moins grande de tous les papiers et cartons, une certaine quantité d'eau est de nouveau absorbée, compromettant l'isolement général de la machine.

Pour remédier à cet inconvénient, on imprègne, actuellement, les papiers dans des substances (huile, vernis isolants, etc.), qui, bouchant les pores, empêchent l'absorption de l'humidité ultérieure. Il convient de faire ces imprégnations alors que les substances à vernir ont été soigneusement étuvées pour en chasser toute l'eau et de les imprégner ou vernir à chaud.

Voici, tout d'abord, quelques essais d'une feuille de bloc-notes huilée et non huilée ; il y a lieu de remarquer qu'en outre de la diminution de la faculté d'absorber l'eau, le pouvoir isolant augmente après le huilage.

Papier de bloc-notes. — Essais d'isolements

PAPIER HUILÉ	PAPIER NON HUILÉ
1.435 v	930 v
1.600 –	1.010 –
1.480 –	1.010 –
1.620 –	980 –
1.500 –	1.000 –
1.800 –	970 –
1.700 –	980 –
1.450 –	1.020 –
1.740 –	1.000 –
moyenne : 1.580 –	moyenne : 990 –
peut supporter environ 1.400 v	peut supporter environ 900 v

Mais on peut, au lieu de plonger les papiers dans de l'huile, les imprégner de vernis isolants et il est alors possible d'obtenir, en réunissant un certain nombre de feuilles ainsi préparées et serrées ensuite à chaud, des isolants de tout premier ordre.

On prépare de cette manière des tubes, des bandes, des plaques, etc., qui rendent de très grands services à l'heure actuelle.

Il est certain que le choix du papier est loin d'être indifférent ; il faut naturellement choisir ceux qui, par leurs propres qualités, peuvent déjà assurer une certaine sécurité à l'industriel. Nous donnons ci-après les résultats d'essais, au courant continu, de deux câbles, isolés avec des papiers imprégnés, mais dont une isolation est constituée par du papier *fin* et l'autre par du papier plus *grossier*; comme il est aisé de s'en rendre compte, les résultats s'en ressentent, bien que chaque isolant ait exactement la même épaisseur totale de 2 mm.

Papier mince 2 mm d'isolement

TENSION EN VOLTS	DURÉE D'ÉLECTRISATION en minutes	RÉSISTANCE DE CABLE en mégohms
10.000	2	16.670
15.400	1	12.500
20.500	1	8.550
25.000	1	5.950
30.000	1	5.180
35.200	1	4.000
39.900	1	2.850
45.000	1	1.960
50.500	1	1.230
55.000	2	873
68.000	2	590
72.000	2	423
76.000	3	318
80.500	2	284
86.000	2	260

Papier fort 2 mm d'isolement

TENSION EN VOLTS	DURÉE D'ÉLECTRISATION en minutes	RÉSISTANCE DE CABLE en mégohms
9.700	3	81.000
14.800	3	43.500
20.000	3	33.400
25.000	4	14.700
30.000	4	12.000
35.000	2	33.130
40.400	4	41.320
45.200	4	33.961
50.000	2	14.640
52.400	3	12.262
54.200	2	3.188
54.800	1/2	1.183
56.000	1 1/2	156
57.000	1	150

Sauté en montant plus haut. Câbles B. B. L.

CHAPITRE V

Papiers et cartons d'amiante

Voici, pour des échantillons de différents fournisseurs, des résultats de résistance à l'étincelle ; nous mentionnerons chaque fois les épaisseurs et les marques de reconnaissance :

1° Echantillon de 0^mm,05 épaisseur ; mentionné 100 gr. au mètre carré.

La moyenne de 8 essais a donné comme tension nécessaire pour que l'étincelle passe au travers de l'isolant :

Epaisseur = 5/100 mm percé en moyenne à 591 v.

2° Echantillon mentionné 200 gr. au mètre carré.
Marque *ordinaire* :
Epaisseur = 8/100 mm percé à 952 v en moyenne.
Marque *pure* :
Epaisseur = 8/100 mm percé à 1.480 v en moyenne.

3° Echantillon marqué 300 gr. au mètre carré.
Epaisseur = 1/10 mm percé à 1.205 v en moyenne.

4° Echantillon marqué 400 gr. au mètre carré.
Epaisseur = 2/10 mm percé à 1.625 v en moyenne.

5° Echantillon mentionné 500 gr. au mètre carré.
Marque *ordinaire* :
Epaisseur = 28/100 mm percé à 2.213 v en moyenne.
Marque *pure* :
Epaisseur = 3/10 mm percé à 2.373 v en moyenne.
Autre fournisseur. — Amiante.
Marque *Asbest* 3^mm,6 d'épaisseur.

Etincelle saute à $\left\{\begin{array}{l} 9.400 \\ 9.000 \\ 9.900 \end{array}\right\}$ moyenne : 9.433 v.

Epaisseur 1 mm $\left\{\begin{array}{l} 5.100 \\ 5.000 \\ 5.300 \end{array}\right\}$ moyenne : 5.200 v.

Cet échantillon sent le papier brûlé lorsqu'on le présente à la flamme.

Amiante durci :

Marque *nature* : 4 mm d'épaisseur = 23.000 v.

Marque *teint* : 22/10 mm d'épaisseur = 24.000 v.
Autre fournisseur.

Carton d'amiante :

Marque *ordinaire* :

12/10 mm d'épaisseur $\left\{\begin{array}{l} 3.500 \\ 3.200 \end{array}\right\}$ moyenne : 3.350 v.

Marque *chimiquement pur* :

97 à 98 % ; épaisseur 29/10 mm $\left\{\begin{array}{l} 6.600 \\ 6.800 \end{array}\right\}$ moyenne : 6.700 v.

Marque *gris imperméable* :

Epaisseur 1 mm faible $\left\{\begin{array}{l} 3.600 \\ 3.100 \\ 3.800 \\ 4.500 \end{array}\right\}$ moyenne : 3.500 v.

Augmentation de poids après une minute d'immersion dans l'eau tiède 2,5 %.

Après avoir brûlé l'échantillon et l'avoir replongé dans l'eau tiède, l'augmentation a été de 35,62 %.

Toutes ces expériences ont été faites : l'échantillon d'essai étant placé sur une plaque métallique épaisse, parfaitement plane, et reliée à une des bornes d'un transformateur de haute tension, l'autre borne étant connectée à une pointe qui appuyait légèrement sur l'isolant.

A l'aide d'un rhéostat approprié, on montait lentement la tension jusqu'à ce que l'étincelle traversât l'échantillon d'essai, et le dernier voltage observé était celui pris comme point critique.

I. — ISOLANTS A BASE D'AMIANTE

Un grand nombre d'industriels ont employé et utilisent encore l'amiante, associé à divers corps, caoutchouc ou résines, dans la fabrication d'isolants connus sous les appellations de vulcabeston, amiante vulcanisé, etc. Enfin, on livre aussi, dans le commerce, des feuilles d'amiante plus ou moins pur, généralement associé à des débris de papier.

Nous étudierons ces différents corps séparément, en donnant, pour chacun d'eux, des résultats d'essais qui permettront de juger de leurs valeurs respectives.

Des nombreux produits ayant de l'amiante dans leur composition, nous en étudierons deux qui sont parmi les plus connus : Le *vulcabeston* et l'*amiante vulcanisé*.

Le premier corps, qui est également de l'amiante vulcanisé, se présente sous la forme de pièces moulées et finies, de couleur gris noirâtre.

II. — VULCABESTON

Pouvoir isolant. — Un échantillon de $7^{mm},5$ a tenu à 9.840 v pendant une heure, mais a été percé, au bout d'une heure également, à une tension de 10.000 v.

Suivant les points d'application, cet échantillon a été percé à 11.140 v, 12.000 v, 11.076 v.

Résistance à la flamme. — Comme résistance à l'étincelle et comme combustibilité, le vulcabeston n'est pas très mauvais ; il ne s'enflamme que très difficilement, mais l'arc électrique laisse cependant une croûte noire conductrice.

Hygrométricité. — Lorsque l'échantillon est compact, sans cassure ni partie travaillée, tel qu'il sort du moule, sa résistance à l'humidité est assez grande, l'isolant étant recouvert d'une sorte de vernis protecteur ; mais s'il y a quelque fissure, si la pièce a été travaillée, etc., le pour cent d'hygrométricité augmente tout de suite d'une très notable façon : de 1,4 % à 11,8 % au bout de deux heures d'immersion dans l'eau chaude.

Essais mécaniques. — Le vulcabeston se travaille assez difficilement ; composé en grande partie d'amiante, il n'est ni très compact, ni très résistant (mécaniquement parlant).

Cependant, si l'épaisseur est suffisante, un taraudage peut se marquer, sans toutefois être d'une très grande solidité.

Le vulcabeston est fabriqué par MM. Bergtheil et Young, à Londres.

III. — AMIANTE VULCANISÉ

L'amiante vulcanisé, de E. Ladewig et Cie, à Berlin, est meilleur que le vulcabeston au point de vue de la résistance électrique, car tandis que 7 mm de ce dernier isolant tiennent au plus 12.000 v, l'amiante vulcanisé atteint 19.500 v pour une épaisseur de 6^{mm},3.

Voici quelques résultats d'essais :

Pouvoir isolant. — L'échantillon a été percé, suivant les endroits, à 19.680 v, 17.000 v, 14.760 v, 19.500 v. Il a été percé au bout d'une heure à 14.500 v, mais a tenu à 12.650 v durant le même temps.

Résistance à la flamme. — Comme résistance à la flamme, l'amiante vulcanisé est inférieur au vulcabeston ; il doit entrer dans la composition une proportion plus grande de caoutchouc qui le rend supérieur comme isolant, mais qui le fait s'enflammer un peu plus facilement et laisse de plus fortes traces conductrices.

Hygrométricité. — Mêmes marques que pour le vulcabeston, mais pour cent d'hygrométricité encore plus grand dans les mêmes conditions : 15 % au lieu de 11,8 %, au bout de deux heures d'immersion dans l'eau chaude.

Essais mécaniques. — Les mêmes défauts que ceux du vulcabeston, mais encore accentués.

CHAPITRE VI

Isolants à base de caoutchouc

Nous avons déjà parlé à plusieurs reprises dans le précédent chapitre : *Isolants à base d'amiante*, de substances vulcanisées ; comme c'est uniquement sous cette forme que nous aurons à étudier les isolants solides à base de caoutchouc : *ébonite, vulcanite, fibre vulcanisée,* etc., il est indispensable d'avoir quelques données précises sur la vulcanisation.

Nous pourrons alors mieux comprendre les qualités et les défauts de certains isolants qui sont fréquemment employés dans la technique industrielle.

I. — VULCANISATION

Lorsque, au début, on a soumis le caoutchouc aux investigations du laboratoire, on n'a pas tardé à découvrir l'affinité dont il est doué pour le soufre.

Si, dans certaines conditions de température, on met en présence le caoutchouc avec du soufre ou avec un composé susceptible de mettre du soufre en liberté, on constate qu'il se produit une combinaison chimique des deux substances. Comme résultat, on obtient un nouveau corps qui, tout en rappelant incontestablement le caoutchouc naturel, a acquis, sous certains rapports, une manière d'être franchement différente de ce dernier. Cette nouvelle substance est le caoutchouc vulcanisé.

Par la vulcanisation, le caoutchouc perd certaines de ses propriétés, mais, en revanche, il en acquiert de nouvelles qui en font un produit précieux au sujet de ses applications.

Loin de nuire aux qualités intrinsèques du produit, cette opération a, au contraire, pour effet de les renforcer, de les fixer, pour ainsi dire. La faculté de coller, de se souder à lui-même, de se dissoudre dans certains dissolvants, se trouve, il est vrai, annihilée dans le caoutchouc vulcanisé ; mais c'est là précisément ce qui rend son emploi possible dans la pratique.

En même temps, le caoutchouc vulcanisé a gagné plus de solidité, d'élasticité, de nervosité et de résistance vis-à-vis des diverses causes d'altération pouvant influer sur le caoutchouc à l'état naturel. La chaleur, la vapeur, de même que les liquides corrodants, ont moins de prise sur lui. L'eau ne peut plus le pénétrer et il est devenu réellement étanche, même sous une faible épaisseur.

Contrairement à ce qui se passe avec le caoutchouc naturel, ces propriétés ne subissent aucune modification par l'action du froid ou d'une chaleur non exagérée. Aussi le caoutchouc vulcanisé conserve-t-il de l'élasticité et de l'extensibilité en dessous de 0° de même qu'à une température de 180 à 200° C. Par le fait, sa durabilité s'est accrue dans des proportions considérables. Ajoutons que, ainsi que nous le verrons, la vulcanisation n'amoindrit en rien sa propriété diélectrique.

* * *

La quantité de soufre susceptible de s'unir chimiquement avec le caoutchouc en le faisant passer de l'état plastique à l'état élastique, ne dépasse pas, théoriquement, 1 1/2 % du poids de la matière traitée. En réalité, dans la pratique, on dépasse toujours notablement ce chiffre afin d'assurer la combinaison. La proportion de soufre ajoutée est généralement comprise entre 2 1/2 et 10 % ; elle atteint souvent 15 à 25 % et même plus.

Il ne faut pas oublier que, presque toujours, on opère sur des mélanges, qu'une bonne partie du soufre se répartit dans la charge et qu'elle échappe, par conséquent, à la vulcanisation. L'excédent de soufre non combiné reste libre et inerte au sein de la masse. Le degré de nervosité et même de rigidité augmente à mesure que la proportion du soufre s'élève ; il est d'autant plus accentué que la chaleur à laquelle on a opéré la vulcanisation est plus haute et que celle-ci s'est prolongée pendant plus longtemps. De sorte que, en faisant varier la quantité de soufre employée, le degré de température adopté pour l'opération, la durée de la vulcanisation, on peut obtenir des produits offrant toutes les gradations voulues de dureté, jusqu'à obtenir une consistance se rapprochant de celle de la corne ; le caoutchouc ainsi traité a reçu le nom d'ébonite.

L'expérience a montré que, pour déterminer le durcissement du caoutchouc naturel, il faut lui ajouter une quantité de soufre qui ne doit pas être inférieure à 20 % de son poids.

Avec cette dose, le produit présente encore une flexibilité relative. Si l'on continue à augmenter la proportion de soufre, il arrive un moment où le caoutchouc est, en quelque sorte, saturé ; tout excédent produit un effet nuisible. Ainsi l'on a constaté que, si l'on dépasse 35 %, la matière devient cassante et de plus en plus friable.

Il importe de faire remarquer que, lorsqu'il s'agit de réaliser la vulcanisation du caoutchouc pur destiné à la confection de produits souples de bonne qualité, on tâche de se rapprocher, le plus possible, de la proportion théorique de 1 1/2 %, car le soufre non combiné atténue l'élasticité de la masse.

Pour la vulcanisation, on fait généralement usage de soufre raffiné sous forme de fleur de soufre ; mais lorsqu'on doit donner au caoutchouc une teinte rouge ou jaune, intervient souvent, comme agent de vulcanisation, un composé qui joue, en même temps, le rôle de colorant : le soufre doré d'antimoine ou kermès minéral. Ce produit, qui est un mélange, en proportions variables, de trisulfure et de pentasulfure d'antimoine, cède au caoutchouc une quantité plus ou moins grande de soufre. D'autres colorants, entre autres le sulfure de cadmium (jaune), le sulfure de mercure (vermillon), peuvent aussi aider à la vulcanisation, par le soufre libre qu'ils peuvent renfermer.

Quant à la température à laquelle on effectue la vulcanisation, l'on considère que le soufre, pour se répandre uniformément dans le mélange et agir en tous les points, doit entrer en fusion ; cette liquéfaction se produit entre 114 et 128° C. C'est donc ce degré de chaleur qu'il convient d'atteindre. Dans bien des cas, on pousse la température plus loin et on opère à 128° et même à 145° C.

II. — ÉBONITE

Nous avons dit que lorsqu'on augmente, dans la vulcanisation du caoutchouc, la proportion de soufre, on obtient un produit doué de propriétés spéciales : il est dur, noir, susceptible de prendre un beau poli sans qu'on soit obligé de le vernir. On lui a donné les noms d'*ébonite* ou encore de *caoutchouc durci*.

Pour préparer ce corps, on se sert exclusivement de caoutchouc de l'Inde. Après l'avoir ramolli à la température de 80°, on le coupe en petits fragments et on le livre à un petit appareil appelé *pile*, semblable à celui qu'on emploie dans les papeteries pour déchiqueter les chiffons. Ce déchiquetage, fait dans l'eau, lui enlève toutes les impuretés : les morceaux sont séchés, battus, puis traités par un bain alcalin de soude, de potasse ou de chaux. Ce traitement, qui dure au moins 48 heures, est suivi d'un nouveau passage à la pile et d'un nouveau séchage.

La matière est ensuite broyée et mélangée avec le soufre, dans des proportions qui varient avec la nature des objets à fabriquer. Goodyear emploie 2 parties de caoutchouc pour 1 partie de soufre. Le broyage et le mélange se font à la fois, dans un laminoir formé de deux cylindres chauffés à la vapeur et tournant avec une vitesse différente. C'est pendant le broyage que l'on incorpore au caoutchouc le soufre qui doit lui être mélangé. On procède ensuite à la cuisson, qui se fait dans des chaudières chauffées à la vapeur sous une pression de 4 1/2 atmosphères. La cuisson dure 7 heures. Cette opération demande une grande surveillance, car si la température est trop élevée de quelques degrés seulement, les matières peuvent être brûlées ; si elle est trop basse, la matière reste molle, ressemble à du cuir bouilli, et il faut recommencer la cuisson.

On utilise surtout l'ébonite dans l'isolation des appareils électriques, gâteaux d'électroscopes, plateaux de machines électriques, supports de bornes, etc. Dans beaucoup de cas, on se sert de plaques faites à la calandre, que l'on débite à la scie et que l'on travaille ensuite comme le bois, l'os ou l'ivoire.

On peut aussi fabriquer certains objets par moulage de la pâte dans des moules de métal, mais la cuisson qu'on leur fait subir pour durcir le caoutchouc a l'inconvénient de produire des déformations dues au retrait inégal que la pâte et le métal prennent pendant le refroidissement.

La résistance spécifique de l'ébonite est de 28.000 millions de mégohms-centimètres.

III. — VULCANITE

La *vulcanite* est une variété d'ébonite additionnée de matières
colorantes diverses.

IV. — KÉRITE

On utilise encore le caoutchouc vulcanisé dans la composition de
la *kérite* qui est un mélange de produits d'oxydation des huiles avec
du caoutchouc vulcanisé, de l'ozokérite, de la silice, etc.

CHAPITRE VII

Isolants à base de mica

I. — LA MICANITE

Ainsi que nous l'avons dit précédemment (1), la difficulté d'obtenir à des prix abordables des feuilles de mica d'un peu grandes dimensions, a conduit à fabriquer des plaques formées de lames minces de mica agglutinées avec un vernis approprié, notamment la dissolution de gomme laque dans l'alcool ou encore les vernis à base de caoutchouc dissous dans l'essence de térébenthine. On obtient ainsi, après serrage et séchage, des feuilles de l'épaisseur désirée qui peuvent, jusqu'à un certain point, remplacer le mica de qualité courante. Il est de toute importance, durant la fabrication de la micanite, de faire en sorte que les feuilles de mica chevauchent les unes sur les autres, de façon à éviter des points faibles.

Les plaques, dans la composition desquelles ont été employés des vernis à l'alcool, doivent être étuvées soigneusement de façon à chasser complètement l'eau que contiennent les alcools industriels.

On utilise aussi, surtout pour en faire des tubes isolants, des toiles micanites, dans lesquelles des lamelles de mica sont collées sur des feuilles de toile de dimensions plus ou moins grandes. Ces toiles micanites, lorsqu'elles sont bien faites, sont souples et peuvent être roulées au gré de l'ouvrier.

Enfin, dans le matériel de traction, les Américains emploient le mica en débris mélangé à diverses résines de façon à former une matière très dure que l'on peut mouler en toutes formes et dimensions.

---

(1) Page 29.

II. — L'ISOLITH

Nous avons étudié quelques corps dans lesquels le mica était utilisé pour augmenter le pouvoir isolant ; un nouveau produit vient d'être expérimenté qui, parmi ce genre d'isolants, est appelé à prendre place au premier rang. L'isolith est un composé de sels minéraux et de mica soumis à des pressions variant de 400 à 750 kg. suivant les épaisseurs.

Il se présente sous la forme de plaques rigides, élastiques, peu cassantes, incombustibles et possédant une résistivité telle que l'isolith peut être employé avec confiance dans la grande majorité des cas de l'industrie électrique. Un grand avantage de ce nouveau produit est sa résistance aux agents extérieurs : l'humidité ni la chaleur ne le voilent ; soumis à l'action, même prolongée, d'une flamme, il ne flambe absolument pas, par conséquent ne peut pas transmettre le feu.

Il peut se scier, se limer, se percer, mais il est préférable de ne pas compter sur un taraudage, le pas de vis ne se marquant pas d'une façon très satisfaisante.

Tel qu'il est, l'isolith peut rendre de très grands services dans des cas multiples, notamment :

Comme séparations d'appareils de coupe-circuit, fusibles, etc.

Comme socles d'appareils.

Dans de nombreuses pièces de machines dans lesquelles on employait jusqu'à présent la fibre ou l'ébonite.

Comme dallages, autour des machines.

Pour les tableaux industriels, etc.

Un autre point intéressant est la résistance de l'isolith à la compression ; il peut être très fortement comprimé sans se détériorer.

Au point de vue électrique, une planche de $7^{mm},5$ n'est traversée par l'étincelle électrique qu'à des tensions supérieures à 25.000 v et ce chiffre peut être doublé, pour certains cas spéciaux, par un paraffinage approprié.

Le nouveau produit, fabriqué à Wildegg (Argovie) par MM. Rilliet et Karrer, présente encore le sérieux avantage d'être d'un prix de revient raisonnable, ce qui lui permet de rendre de grands services dans de multiples applications électriques.

CHAPITRE VIII

Le soufre et les isolants à base de soufre

Le soufre est un métalloïde jaune citron, mauvais conducteur de la chaleur et de l'électricité, insoluble dans l'eau, très peu soluble dans l'alcool, plus soluble dans l'éther et surtout dans le sulfure de carbone.

Le soufre solide existe sous plusieurs états isomériques un peu différents, que l'on peut distinguer par leurs propriétés physiques, mais qui ont à peu près les mêmes propriétés chimiques, car elles ne correspondent qu'à un dégagement de chaleur insignifiant quand on passe d'une variété à l'autre.

Le soufre est un excellent isolant que l'on utilise parfois dans la construction de certains isoloirs de cabinets de physique, mais il est très friable et c'est surtout associé à d'autres substances qu'il rend de très grands services à l'industrie électrique.

I. — LA DIÉLECTRINE

Nous avons déjà vu l'importance du soufre dans la vulcanisation du caoutchouc ; M. Hurmuzesin a obtenu un excellent isolant, la *diélectrine*, en fondant ensemble du soufre et de la paraffine, et qui présente sur cette dernière substance l'avantage d'une plus grande solidité et, sur le soufre, celui de pouvoir être travaillé au tour sans risque de rupture.

CHAPITRE IX

Les résines

On donne le nom de *résines* à des corps ternaires, mais assez pauvres en oxygène, généralement solides, durs, amorphes, à cassure vitreuse, qu'on trouve dans certains végétaux, et notamment chez presque tous les conifères ; elles peuvent être considérées comme des produits d'oxydation des essences.

Les résines sont insolubles dans l'eau, sauf le *copal*, mais elles sont solubles dans l'alcool, dans l'éther, sauf le *jalap*, dans les essences et, à chaud, dans les huiles ou graisses — ce dont il faut tenir compte dans les isolants qui doivent être utilisés dans l'huile, comme ceux des transformateurs. L'eau les précipite en poudre de leur solution alcoolique.

Elles fondent à une assez basse température et peuvent se décomposer par distillation. Au rouge, elles brûlent avec une flamme fuligineuse.

Elles sont mauvaises conductrices de l'électricité.

Ainsi que nous l'avons dit, les résines proviennent des végétaux, comme les baumes et les gommes. Ce sont des produits de sécrétion, engendrés par des cellules spéciales, localisées autour des poches ou de canaux résinifères. Quelquefois elles viennent s'écouler naturellement au dehors par des fentes naturelles de l'écorce, mais le plus souvent, il faut aider la nature.

L'écoulement naturel a lieu pour la *térébenthine*, la *sandaraque*, le *mastic*. Pour toutes les autres on procède par incision, procédé qui sert aussi à extraire beaucoup de gommes, de gommes-résines et de baumes.

Bien des matières, telles que la *poix*, la *colophane*, sont parfois classées parmi les résines, qui ne sont que des produits des traitements qu'on fait subir à ces dernières.

Le traitement le plus ordinaire qu'elles subissent est la distillation, soit sèche, soit dans la vapeur d'eau surchauffée. Dans le premier cas, elles fournissent des huiles, légères ou lourdes, que l'on peut utiliser comme matières lubrifiantes. Dans le second, elles donnent leur essence presque incolore, presque inodore. Les résidus de la distillation, souvent plus employés que la résine elle-même, ne nous intéressent pas au même degré pour cette étude sur les isolants.

Il y a un grand nombre de résines, mais toutes n'ont pas la même utilité. Nous nous bornerons à en étudier quelques-unes employées dans la composition des isolants soit solides, soit liquides.

Gomme laque. — Ce corps est une résine, et c'est à tort qu'on lui a donné le nom de gomme. La *gomme laque* est produite par la piqûre d'un insecte, le coccus lacca, qui s'attache à l'extrémité des branches de plusieurs arbres, dont les principaux sont : l'Aleurites (croton) laccifera, Ficus religiosa, indica, Rhamnus Jujuba. De cette piqûre sort un suc qui se durcit et devient la *gomme laque* ; elle présente plusieurs variétés commerciales :

1° La *gomme laque* brute en bâtons : elle est formée par le rameau ligneux entouré par la gomme sécrétée ;

2° La *laque* en grappes, qui se présente en morceaux volumineux hémicylindriques : c'est la précédente moins le rameau ;

3° La *laque* en grains, qui est en morceaux plus petits;

4° La *laque* en plaques ou en écailles, que l'on prépare en faisant fondre le produit naturel dans l'eau bouillante alcalinisée, en filtrant sur une toile et en coulant le liquide en couches minces. La teinte de ces différentes variétés varie du rouge au brun.

On obtient la matière résineuse de la *gomme laque* en dissolvant celle-ci dans l'alcool froid et en évaporisant à sec. On obtient ainsi une substance brune et transparente, de dureté 1,33, soluble dans l'alcool absolu, l'acide chlorhydrique et les lessives alcalines. La *gomme laque* renferme de 68 à 90 % de résine, et de 0,5 à 10 % d'une matière colorante.

La térébenthine et la colophane. — La *colophane* est obtenue par la distillation de la térébenthine.

Cette résine est extraite des pins, dans le tronc desquels on pratique des incisions longitudinales : la résine (dite *térébenthine*) qui s'écoule est recueillie soit dans un récipient *ad hoc*, soit dans une petite cavité creusée au pied de l'arbre.

En distillant la *térébenthine*, on obtient l'essence de térébenthine et un résidu solide, la *colophane*, que l'on désigne aussi par les noms de *colaphone*, d'*arcanson* et de *brai sec*. C'est un corps amorphe, jaune de miel ou d'une couleur brune plus ou moins foncée.

La *colophane* se ramollit à 70° et fond à 135°. Elle est insoluble dans l'eau, soluble dans l'alcool et dans l'éther. Quand on la distille elle fournit des hydrocarbures gazeux et des hydrocarbures liquides dont le mélange constitue l'*huile de résine*.

En brassant la *colophane* avec de l'eau, on obtient la *poix-résine*. La *poix noire* s'obtient en brûlant les fibres et autres matières imprégnées de résine ; le *goudron*, en brûlant les fragments de bois de pin qui ne sont pas susceptibles d'une autre utilisation. Tous ces produits résineux servent à la préparation du noir de fumée.

Le copal. — Le *copal* est une résine jaune brun à odeur agréable, brûlant et coulant à la flamme de la bougie, se présentant sous forme de morceaux arrondis, couverts d'une efflorescence blanchâtre à la surface, fournie principalement par le genre Hymenaea de la famille des Césalpiniées.

On distingue deux variétés : *copal tendre*, provenant des espèces occidentales (Amérique du Sud), et *copal dur*, fourni par les espèces orientales (Afrique et Madagascar).

Le *copal dur* est en larmes ou en stalactites, d'un jaune foncé ; il n'a ni odeur ni saveur. Il est presque insoluble dans l'alcool.

Le *copal tendre* d'Amérique est en morceaux de couleur jaune pâle ; il se ramollit dans la bouche, est entièrement soluble dans l'alcool bouillant. L'alcool froid le sépare en deux résines, l'une soluble, l'autre insoluble.

Le Copaifera (guibomtia) copallina fournit aussi, en Afrique, un *copal tendre*, lequel est en larmes globuleuses, blanches, solubles dans l'essence de térébenthine, mais insolubles dans l'alcool. Il fond à 100°.

On trouve aussi cette résine, couverte d'impuretés, dans le sable, à l'état fossile. Le *copal* est surtout utilisé dans les vernis.

L'ambre. — C'est une résine fossile qui peut être rouge hyacinthe, brun jaune de miel ou blanc jaunâtre, transparent, translucide ou opaque.

Sa dureté est de 2 à 2,5 et son poids spécifique de 1 à 1,1. Il est insoluble dans l'eau, dans l'alcool, dans l'éther, les huiles grasses ou essentielles, mais se dissout dans un mélange d'alcool et d'essence de térébenthine, et dans l'essence de cajéput.

Soumis à l'action de la chaleur, *l'ambre* fond d'abord vers 287°, puis brûle avec une flamme fuligineuse. Les produits de sa distillation, en vase clos, sont divers hydrocarbures, une sorte d'huile et de l'acide succinique. La présence de ce dernier corps caractérise l'origine naturelle de la substance, les contrefaçons ne le donnant pas.

L'ambre provient de différentes essences d'arbres tertiaires, et surtout du Pinus succinifer. Il est abondamment répandu dans les lignites de cette époque en Sicile, en France, en Allemagne, etc. On en recueille beaucoup sur les bords de la Baltique, où la mer le rejette, après l'avoir arraché aux terrains voisins.

I. — ISOLANTS A BASE DE RÉSINES

Les différentes résines que nous venons d'étudier servent à la fabrication d'un grand nombre de substances isolantes dont plusieurs rendent de réels services.

En mélangeant ces résines avec d'autres corps que nous avons déjà vus, tels le mica, l'amiante, certaines terres, alcalines ou réfractaires, etc., on peut obtenir un nombre considérable de corps ayant les qualités des substances dominantes, spécialement choisies, suivant que l'on désire avoir une grande résistance électrique, ou une certaine résistance mécanique, ou encore de l'incombustibilité, de l'ininflammabilité, etc. De là le très grand nombre de produits créés en vue de répondre aux multiples exigences des constructeurs.

Pour la plupart des isolants que nous allons examiner, une grande partie de leur intérêt réside dans le fait qu'ils peuvent être moulés, ce qui permet d'obtenir des pièces de formes les plus diverses. Beaucoup, étant réduits en poudre, sont comprimés à chaud dans des moules très résistants ; d'autres sont fondus et coulés dans des récipients de formes appropriées.

Ambroïne. — *L'ambroïne* est un isolant à base de résine qui, grâce à ses qualités mécaniques (résistance à la traction, 150 kg. par centimètre carré ; résistance à la compression, 1.200 kg. par centimètre carré), est utilisé dans l'appareillage de tramways, tant extérieur (pièces isolantes pour trolleys) — car il est peu sensible à l'influence des agents atmosphériques — qu'intérieur (coupe-circuit de lumière, supports de porte-balais, etc.).

L'*ambroïne* peut se scier, percer, tourner, mais il est toujours préférable d'utiliser directement les pièces telles qu'elles sortent des moules, car elles sont alors recouvertes d'un glaçage protecteur qui augmente les qualités de résistance à l'étincelle et aux agents atmosphériques.

L'*ambroïne* n'a que peu ou pas de retrait au moulage, ce qui permet la fabrication de pièces de dimensions exactes. Elle s'obtient, moulée soit dans sa teinte naturelle brune, soit vert olive ou noire.

Avec l'*ambroïne*, il est possible de noyer dans la masse des pièces métalliques intérieures ou extérieures, ce qui évite les fixations par filetage qui ne sont jamais très recommandables.

Cet isolant est fabriqué par les fabriques de Berlin-Pankow.

Ténacité. — La *ténacite* possède aussi parmi ses propriétés une bonne résistance mécanique, une faible sensibilité aux agents extérieurs, un grand pouvoir isolant et une résistance élevée à la chaleur.

Composée principalement de résine, d'amiante et de terres alcalines, la ténacite se fabrique en plusieurs qualités suivant les applications que l'on en veut faire.

Pour les pièces délicates et soignées, comme les pièces d'appareils téléphoniques et télégraphiques, il convient de prendre la qualité A, qui peut prendre un très beau poli.

Si l'on désire que dominent les propriétés isolantes, on choisira la qualité B, qui contient une assez forte proportion de mica. Son aspect est moins satisfaisant que celui de la qualité précédente. On l'emploie pour les pièces isolantes des machines, porte-balais, bornes, etc.

Dans les cas d'installations extérieures il sera fait usage de la qualité C qui résiste bien aux intempéries et présente une résistance mécanique élevée. Son emploi est indiqué dans les installations de trolleys.

Enfin, si les pièces isolantes doivent résister à de hautes températures, on utilisera la qualité D.

Toutes ces variétés de *ténacite* peuvent être teintées en noir, brun, rouge ou vert.

Résistance à la traction variable suivant les qualités entre 40 et 180 kg. par centimètre carré ; résistance à la compression, 10.000 kg. par centimètre carré.

Pouvoir hygroscopique variant, suivant les qualités, de 0,06 à 1,7 %.

La *ténacite* se ramollit entre 90° et 160°, elle peut, pour la qualité B, n'être traversée par l'étincelle qu'à 10.000 v pour une épaisseur de 1 mm.

Disons enfin que la *ténacite* se moule très bien même avec adjonction de pièces métalliques. Elle est fabriquée par l'*Allgemeine Elektricitaets-gesellschaft*, de Berlin.

Éburine. — Composée de résines, de terre réfractaire et de matières fibreuses mélangées et soumises à la presse hydraulique à de très fortes pressions, l'*éburine* peut être obtenue en pièces de dimensions rigoureuses et d'un beau glacé. Résistance à la rupture : 30 à 40.000 v pour une planche de 10 mm d'épaisseur.

L'*éburine* n'est pas sensible à l'humidité ni aux intempéries. Elle est peu cassante et peut être utilisée dans les installations extérieures. Elle se prête bien au moulage autour de pièces métalliques.

L'*éburine* est fabriquée par la *Société pour la Fabrication de matériel de tramways*, de Berlin.

Adite. — A base de résines et de silicates, l'*adite*, suivant ses applications, possède plus ou moins de ces diverses substances, la résine élevant la résistance électrique, et diminuant l'absorption d'eau, les silicates la rendant plus hygroscopique, mais plus résistante à la chaleur (de 60° à 150°). Certaines qualités sont ininflammables.

Résultats d'expériences :

Tensions nécessaires pour traverser :

1 mm d'épaisseur	1.000 v	
2 —	—	1.800 —
5 —	—	4.000 —

Résistance à la traction : 130 kg. par centimètre carré.

L'*adite* est fabriquée par la maison Adt Frères, à Enshein (Palatinat).

CHAPITRE X

Substances vitrifiées

I. — LA PORCELAINE. — LE BISCUIT DE PORCELAINE

Nous passerons maintenant en revue les substances vitrifiées, utilisées comme isolants. Une des plus importantes est sans aucun doute la *porcelaine*.

Généralités. — Celle-ci est en effet adoptée, d'une façon presque exclusive, dans la plupart des isolateurs, que ce soit comme support de fils conducteurs sur les lignes électriques, comme entrées de formes diverses, comme cavaliers ou tubes de toutes dimensions.

Ses qualités isolantes en font un utile auxiliaire dans tous les cas où l'on n'a pas à craindre le bris de la matière sous des chocs ou des efforts un peu considérables.

La *porcelaine* est aussi employée dans les socles et couvercles de nombreux appareils : petits interrupteurs, commutateurs, coupe-circuit, etc., mais son prix relativement élevé lui fait préférer parfois, pour les installations à basse tension, les articles en *biscuit* qui sont certainement moins bons, mais suffisent dans certains cas.

La porcelaine pour isolateurs (porcelaine dure) se compose de trois éléments, dont le mélange doit être bien étudié pour produire une pâte ayant les qualités nécessaires à la fabrication : *kaolin*, argile blanche, plastique, infusible ; *feldspath*, roche fusible à haute température ; *quartz* ou silice, matière dépourvue de plasticité et de fusibilité.

La porcelaine dure est recouverte d'un enduit vitrifiable composé de quartz et de feldspath, additionné quelquefois de chaux. Ces matières entrent en fusion à la température de cuisson de la pâte et se transforment en un verre brillant que l'acier entame difficilement, surtout lorsque la couverte est purement feldspathique. Cette couverte doit être en parfait accord avec la pâte au point de vue des dilatations, pour éviter la tressaillure, craquelage qui se produirait au refroidissement.

La pâte sans couverte après cuisson prend le nom de *biscuit*. Le *biscuit* n'est guère employé comme isolant que pour de l'appareillage de très basse tension et pour installations intérieures, car il est passablement hygroscopique.

On distingue plusieurs variétés de pâtes de porcelaine dure ; leurs qualités diffèrent d'après les dosages des matières entrant dans leur composition. Lorsque le kaolin domine, la cuisson doit être plus élevée et peut arriver à dépasser 1.400°. Lorsque le feldspath et le quartz réunis atteignent presque les deux tiers de la masse, le point de cuisson est d'environ 1.350°. Dans le premier cas, on obtient une porcelaine particulièrement résistante.

Fabrication. — Le cadre de cet ouvrage ne nous permet pas de décrire tout au long la fabrication de la porcelaine ; il nous suffira de dire que la préparation des pâtes demande des soins particuliers. On commence par le lavage du kaolin qui est délayé dans de grandes cuves ; l'argile kaolinique reste en suspension, dans l'eau, laissant au fond les parties caillouteuses pour être ensuite tamisée à son passage dans une autre cuve ; puis la barbotine est renvoyée dans le filtre-presse, où le kaolin se dépose après avoir été débarrassé de l'eau qui lui a servi de véhicule.

Le feldspath et le quartz sont broyés de leur côté, et les trois matières, dosées dans les proportions voulues, sont mélangées et délayées dans des moulins, puis raffermies dans le filtre-presse, d'où la pâte sort pour être pétrie à la machine, et battue à la main avant d'être employée.

Le façonnage peut être fait de trois manières : par le tournage, par le moulage et par le coulage, suivant les pièces que l'on veut obtenir.

La pièce étant établie, il s'agit de passer la mise en couverte, par immersion ou par insufflation. Pour qu'elle ne se désagrège pas dans le liquide où on la plonge, elle doit avoir pris déjà une certaine consistance par son passage à un feu dit « de dégourdi », tout en ayant gardé assez de porosité pour absorber l'eau et retenir à sa surface une couche de l'enduit vitrifiable que cette eau tenait en suspension. Lorsqu'on veut, au contraire, émailler la pièce en cru, il faut que celle-ci soit suffisamment sèche pour être aspergée de l'eau tenant en suspension la couverte, à l'aide d'un pulvérisateur, opération qu'on doit répéter plusieurs fois pour obtenir plusieurs couches très minces superposées.

Les objets ainsi émaillés sont séchés, puis enfermés dans des étuis en terre réfractaire, disposés en piles à l'intérieur du four, dont on ferme les portes par deux murs en briques, entre lesquels on introduit une couche de sable, dans le but d'empêcher toute pénétration d'air. On commence par un feu doux, qui est maintenu pendant le tiers environ de la durée du feu, afin d'éviter, par un échauffement lent et progressif des étuis et des pièces qu'ils renferment, les chances de rupture.

Lorsque la température varie entre le rouge sombre et le rouge cerise, on passe au grand feu en chargeant complètement les alandiers de combustible à leur partie supérieure. Après cinq ou six jours de refroidissement, le four est ouvert et les pièces qu'il renferme sont retirées.

Il y a lieu de remarquer, lors de la fabrication des pièces, que le retrait de la porcelaine est assez considérable (environ dix fois supérieur à celui de la fonte), aussi faut-il prendre, à ce point de vue, des précautions toutes spéciales.

D'autre part, il est préférable d'éviter, dans la porcelaine, une succession brusque de petites et de grandes sections. En effet, à la cuisson, le retrait des pièces à grande section est supérieur à celui des pièces à faible section, qui sont soumises par suite à des efforts importants et peuvent se briser.

De plus, en raison du retrait plus grand des parties massives, les pièces à sections trop diverses se déforment complètement à la cuisson.

Propriétés. — Une des propriétés les plus importantes de la porcelaine réside dans le fait qu'elle n'est absolument pas hygroscopique, ce qui est un avantage sur certains verres. Il faut toutefois entendre par là une porcelaine dure de première qualité, cuite à une température suffisante pour être complètement vitrifiée. Une fabrication défectueuse, une cuisson incomplète suffisent pour enlever tout ou partie de cette importante propriété. Nous reviendrons sur cette question lors des essais.

Comme résistance mécanique, la porcelaine est très favorable si elle n'a pas à supporter des chocs, car bien que pouvant résister à des efforts assez considérables, elle est cassante, n'ayant aucune dilatation.

Sa résistance à la traction, bien que difficile à déterminer exactement, a été admise, en moyenne, à 1.700 kg. par centimètre carré, ce qui équivaut à de la fonte de fer ordinaire.

Sa résistance à la compression est d'environ 4.780 kg. par centimètre carré ce qui est le double des pierres les plus dures (basaltes, porphyre).

Enfin sa résistance à la flexion est de près de 500 kg. par centimètre carré en moyenne.

Au point de vue de la résistivité et de la résistance à l'étincelle, la porcelaine prend place parmi nos meilleurs isolants. Ainsi que nous l'avons fait remarquer au sujet de l'hygrométricité, il est certain que ses qualités isolantes (comme c'est le cas pour tous les produits manufacturés) dépendent de la bienfacture de sa fabrication, et là aussi les essais peuvent déceler des imperfections ou des malfaçons dangereuses.

Si l'on envisage une porcelaine de bonne qualité, sans défauts ni craquelures du glaçage, on peut compter comme résistance disruptive, avec du courant alternatif (50 périodes) :

ÉPAISSEUR en mm	TENSION DE PERCUSSION	TENSION DE PERCUSSION ramenée à 1 mm d'épaisseur
1	12.500	12.500
2	24.000	12.000
3	35.000	11.350
4	44.000	11.000
5	53.000	10.600
6	62.000	10.350
7	70.000	10.000
8	78.000	9.750
9	85.000	9.350
10	92.000	9.200

Ces essais ont été faits à une température de 20° C, et nous rappelons qu'il est important de savoir à quelle température les mesures d'isolants sont faites, la résistivité et par suite la résistance disruptive diminuant avec l'augmentation de la température.

Comme on le voit dans le tableau ci-contre, la tension de rupture par millimètre d'épaisseur diminue lentement lorsque l'épaisseur augmente.

Le mica, bien supérieur comme valeur isolante, est moins favorable sous ce rapport, ainsi que le montre le tableau suivant :

ÉPAISSEUR de l'échantillon mica en millimètres	TENSION de percussion mica en volts	TENSION ramenée à 1 mm d'épaisseur mica en volts	TENSION de percussion de 1 mm de porcelaine en volts	RAPPORT entre la tension nécessaire pour perforer 1 mm de mica et celle pour perforer 1 mm de porcelaine
0,1	7.000	70.000	12.500	5,6 fois
0,2	13.000	65.000	12.000	5,42 »
0,3	18.000	60.000	11.350	5,29 »
0,4	22.500	56.250	11.000	5,115 »
0,5	26.500	53.000	10.600	5 »
0,6	30.500	50.850	10.350	4,9 »
0,7	33.250	47.500	10.000	4,75 »
0,8	37.500	46.900	9.750	4,72 »
0,9	40.000	44.500	9.350	4,76 »
1,0	42.000	42.000	9.200	4,55 »
1,1	43.700	39.750	»	»

Dans la plus faible épaisseur, le mica est 5,6 fois plus résistant que la porcelaine pour ne l'être plus que 4,55 fois à l'épaisseur la plus grande de l'essai.

Une autre propriété importante de la porcelaine est son insensibilité aux causes extérieures de détérioration, agents atmosphériques, intempéries, etc. On peut dire que, pour de bonnes qualités, sa durée est illimitée. La glaçure entre pour une bonne part dans cette préservation et l'on doit apporter des soins tout spéciaux à l'examen des pièces devant être utilisées à l'extérieur, notamment pour les isolateurs dont nous parlons plus loin.

En somme la porcelaine mérite en tous points la faveur qu'elle s'est acquise auprès des industriels et le nombre considérable d'applications que l'on en fait à l'heure actuelle en est la preuve.

Dans tout l'appareillage destiné aux installations intérieures : poulies, boîtes de dérivation, interrupteurs, coupe-circuit, douilles de lampes, etc., ainsi que pour les leviers d'interrupteurs haute tension, bornes de transformateurs, partout la porcelaine est utilisée avec avantage.

Enfin, la porcelaine est employée presque exclusivement pour la fabrication des isolateurs aériens dans toutes les applications à haute tension.

II. — LE VERRE

Le *verre* est une substance dure, cassante, douée d'un éclat particulier appelé éclat vitreux, d'une structure caractéristique, à laquelle on a donné le nom de structure vitreuse, et reconnaissable aux traces d'étirement visibles dans la masse. Ces traces sont dues à ce que la solidification a eu lieu alors que la matière était à l'état visqueux ; les matières qui servent à faire le verre sont, en effet, fondues ensemble par la chaleur, de manière à donner une pâte qu'on laisse ensuite solidifier après l'avoir façonnée.

Le phénomène par lequel un corps qui se solidifie prend cette structure s'appelle vitrification ; dans cet état, il n'est pas cristallin, mais si, grâce à une cause quelconque, il vient à cristalliser, il devient opaque s'il ne l'est déjà : on dit qu'il se dévitrifie. Il prend alors la structure de la porcelaine et s'appelle porcelaine de Réaumur.

Le verre est un mélange de plusieurs silicates. Le verre ordinaire est formé d'un silicate alcalin et d'un silicate terreux. Les silicates alcalins sont fusibles, mais facilement attaquables par les agents chimiques et physiques ; les silicates terreux sont infusibles et résistent aux mêmes agents ; en unissant ces deux sortes de silicates, on peut obtenir un corps suffisamment fusible et résistant assez bien aux agents destructeurs, ce qui a une grande importance dans les cas d'isolateurs, ainsi que nous le verrons.

Les silicates alcalins ordinairement employés, sont les silicates de potassium ou de sodium ; le silicate terreux que l'on utilise habituellement est le silicate de calcium. En remplaçant le silicate terreux par le silicate de plomb, on obtient un verre spécial, très fusible, éclatant, très transparent, très réfringeant, beaucoup plus lourd, à la sonorité métallique, et que l'on appelle cristal.

Certains verres contiennent d'autres silicates provenant des corps étrangers qui se trouvaient dans les matières premières, tels que les silicates de fer ou d'aluminium.

Les silicates qui composent le verre ne sont pas employés comme matière première pour sa fabrication ; ils se produisent dans les réactions qui ont lieu au cours de la fabrication même.

Le choix des silicates à obtenir, et par conséquent des matières premières à employer, ainsi que les diverses proportions des mélanges, produisent différentes catégories de verres ; c'est ainsi qu'on distingue :

1° Les *verres à silicates alcalins* (potassium ou sodium) et *silicate de calcium* (verre blanc, verre de Bohème, verre à vitre, glace, crown-glass) ;

2° Les *verres à silicate de potassium* et *silicate de plomb* (cristal, strass, flint-glass, émail) ;

3° Les *verres à silicates de sodium, de calcium, d'aluminium et de fer* (verre à bouteille).

Voici la composition la plus habituelle des mélanges employés pour obtenir les verres précédents :

Verre blanc :

Sable blanc.	100	parties
Carbonate de sodium.	35 à 40	—
Calcaire	25 à 35	—
Charbon de bois.	2	—

Verre de Bohême :

Quartz pulvérisé.	100	parties
Chaux éteinte.	17 à 20	—
Carbonate de potassium	32	—

Verre à vitre :

Sable blanc.	100	parties
Sulfate de sodium	35 à 40	—
Calcaire	25 à 35	—
Coke.	15 à 20	—

Glace :

Sable blanc.	100	parties
Sulfate de sodium	35 à 40	—
Calcaire	35 à 40	—
Charbon de bois.	2 à 3	—

Crown-Glass :

Sable blanc	100	parties
Carbonate de potassium	143	—
Azotate de potassium	3	—
Chaux éteinte	22	—

Cristal :

Sable blanc	100	parties
Minium	60	—
Carbonate de potassium	28 à 35	—

Strass :

Quartz pulvérisé	100	parties
Minium	153	—
Potasse caustique	53	—

Flint-Glass :

Sable blanc	100	parties
Minium	106	—
Carbonate de potassium	43	—

Email :

Sable	100	parties
Minium	60 à 65	—
Carbonate de sodium	60 à 65	—
Acide borique	20	—

Verre à bouteille :

Sable ferrugineux	100	parties
Chaux éteinte	24	—
Sulfate de sodium	8	—
Marne	100	—

A la température du blanc, le verre est parfaitement fluide, mais bien avant d'atteindre ce point, il se ramollit et passe par tous les degrés de viscosité. C'est à cet état visqueux qu'il faut le prendre pour le travailler. Lorsqu'il est chauffé jusqu'au voisinage de son point de ramollissement, puis plongé dans un bain d'eau froide, il se *trempe*, c'est-à-dire durcit, mais seulement à la surface, car il est mauvais conducteur de la chaleur. Un tel verre se brise avec la plus grande facilité, telles les *larmes bataviques*.

S'il est, au contraire, plongé dans un bain d'huile ou de graisse fondue, il se trempe dans toute son épaisseur et devient le *verre incassable* ; dans cet état, il est, en effet, très dur ; mais s'il se casse en un point, le reste s'en va en menus débris. Pour que la trempe donne de bons résultats, il est indispensable que l'objet à tremper soit à la même température en toutes ses parties. On doit aussi élever d'autant plus la température du bain de trempage que le verre est moins fusible. On diminue la fragilité du verre trempé en lui faisant subir un *recuit*. Du reste tous les objets en verre, même non trempés, doivent être soumis à un réchauffage de ce genre.

Le prix du verre est, de beaucoup, inférieur à celui de la porcelaine, aussi a-t-on cherché à le substituer à cette dernière dans de nombreuses applications.

Nous donnerons ci-après les résultats d'un assez grand nombre d'expériences au sujet de la résistance du verre à l'étincelle et l'on pourra constater que cette substance, dans certains cas, peut rendre des services appréciables, mais il convient de se souvenir que le verre est attaqué peu à peu par l'eau et les acides étendus et qu'il est hygroscopique.

L'acide fluorhydrique l'attaque activement et les alcalis le détruisent assez vite, surtout le cristal.

Résultats d'expériences. — *Essais électriques*. — Nous avons vu que, suivant l'application que l'on en veut faire, la composition du verre varie dans d'assez grandes limites ; il faut donc mentionner chaque fois le genre de verre qui a été soumis aux essais.

Même lorsqu'on prend du verre blanc ordinaire, il est très difficile d'arriver à la percussion avec du courant continu ; une épaisseur de $0^{mm},3$ résiste très bien à 25.000 v, et il n'est traversé par l'étincelle que si l'on provoque une décharge oscillante au moyen d'un condensateur.

Une feuille de verre à vitre de $0^{mm},8$ résiste à 60.000 v continus et probablement à plus encore.

Pour ce qui est du courant alternatif, M. Moscicki a fait un très grand nombre d'essais sur des tubes en verre dans le but de les employer dans la fabrication de ses condensateurs et nous donnerons quelques-uns de ses résultats d'expériences.

Verre ordinaire alcalin. — Le but des premières expériences était de déterminer la tension critique vers les bords des armatures. A cet effet, M. Moscicki choisit des tubes de verre fermés à une extrémité. L'armature extérieure, formée par un dépôt d'argent précipité, recouvrait le tiers de la hauteur du tube dont l'intérieur contenait du mer-cure.

Le tube, équipé pour les essais, était renfermé dans un cylindre en verre de 30 cm de hauteur porté par un support en ébonite et rempli d'huile ; le bas de ce cylindre était fermé par un bouchon de caoutchouc traversé par un fil amenant le courant à l'armature extérieure ; ce fil était relié à une bague de cuivre, large de 25 mm, fixée au tube par l'intermédiaire d'une mince feuille d'étain. Le cylindre, enfin, était fermé au col par un couvercle d'ébonite laissant passer le tube d'épreuve qui était immergé dans l'huile aux deux tiers de sa hauteur ; un fil de cuivre, plongeant dans le mercure, constituait l'armature intérieure et le reliait à la source d'électricité.

ÉPAISSEUR DE PAROIS en millimètres	TENSION CRITIQUE DE PERFORATION AU BORD en volts	TENSION RAMENÉE à 1 millimètre d'épaisseur
0,20	6.400	32.000
0,30	8.750	29.170
0,40	10.250	25.625
0,50	11.650	23.300
0,60	12.750	21.250
0,70	13.725	19.615
0,80	14.640	18.300
0,90	15.430	17.150
1,00	16.250	16.250
1,10	17.000	15.454
1,20	17.600	14.670
1,30	18.250	14.040
1,50	20.300	13.530
1,65	21.750	13.200
1,75	22.450	12.800
2,50	27.000	10.800

Dans une deuxième série d'expériences avec le même verre, M. Moscicki, par une disposition spéciale, obtenait la perforation vers l'*intérieur* des armatures, et non plus *au bord* ; les résultats sont tout autres.

ÉPAISSEUR DE PAROIS en millimètres	TENSION CRITIQUE DE PERFORATION *au milieu de l'armature* en volts	TENSION RAMENÉE à 1 millimètre d'épaisseur
0,05	7.000	140.000
0,10	14.000	140.000
0,15	20.200	134.700
0,20	27.500	137.500
0,25	33.150	132.600
0,30	40.700	137.700
0,35	46.500	133.350
0,40	54.300	135.750
0,45	61.150	136.000
0,50	67.116	134.230
0,55	74.960	136.000

Dans ces derniers essais effectués à l'air libre et non dans un bain d'huile, comme précédemment, le tube de verre, rempli de mercure, était plongé dans un bain du même métal qui constituait ainsi les deux armatures.

Ces très intéressantes expériences ont prouvé que la perforation se produit à une tension beaucoup moins élevée sur les bords qu'au milieu des armatures, l'épaisseur de la lame isolante restant la même.

Quoiqu'il en soit, et même dans les conditions les moins favorables, le verre constitue un excellent isolant, supérieur à la porcelaine, mais ses qualités mécaniques, en ce qui concerne sa résistance aux agents atmosphériques, sont moindres que celles de cette dernière substance, ce qui, dans le cas d'isolateurs, mettrait le verre en état d'infériorité.

Résistivité du verre (G. Foussereau). — *Verre ordinaire*, à base de soude et de chaux. Densité : 2,539.

TEMPÉRATURE	RÉSISTIVITÉ en millions de mégohms-cm.
+ 61°2	0,705
+ 20°	91
— 17°	7970

Verre dur de Bohême. — Densité : 2,431. — Environ 10 à 15 fois moins résistant que le verre ordinaire aux mêmes températures.

Cristal. — Densité : 2,933. — 1.000 à 1.500 fois plus isolant que le verre ordinaire aux mêmes températures. Sa conductibilité ne commence à se manifester qu'au-dessus de 40° C :

A 46° résistivité = 6182 millions de mégohms-centimètres.
A 105°   —   =   11,6   —

CHAPITRE XI

Les Isolateurs

La question des *isolateurs* a été l'objet d'études approfondies de la part des industriels s'occupant de cette branche ; la longueur kilométrique des lignes augmentant constamment et dans de grandes proportions, les dépenses nécessitées par les isolateurs de porcelaine ont été telles qu'il a été opportun de chercher des substances moins coûteuses ; d'autre part, dans certaines régions, la teinte apparente de la porcelaine était la cause de déprédations nombreuses par bris d'isolateurs au moyen de pierres, voire même de balles.

On chercha alors, notamment en Amérique, à remplacer la porcelaine par le verre, moins apparent. Des essais ont aussi été faits d'isolateurs en ambroïne et une manufacture a lancé des isolateurs fabriqués avec un mélange d'amiante et de goudron. Nous reparlerons plus loin de ces différentes tentatives.

I. — QUALITÉS QUE DOIT POSSÉDER UN BON ISOLATEUR

Tout ce que nous avons dit concernant les précautions à prendre dans la fabrication de la porcelaine pour obtenir une matière irréprochable s'applique, plus strictement encore si possible, dans la question des isolateurs.

En effet, ceux-ci sont constamment dans des conditions de travail particulièrement défavorables.

Ils doivent résister — sans qu'il soit facile de vérifier comment ils se comportent — à des efforts mécaniques parfois considérables et très divers ; à des différences de température très grandes ; à toutes les intempéries : gel, pluie, neige, grêle, etc., et dans tous ces cas les qualités isolantes de l'isolateur ne doivent pas être affaiblies d'une façon notable.

Qualités mécaniques. — Dans certaines installations, notamment dans les lignes de montagne, les isolateurs doivent résister aux efforts de traction des fils, ayant des portées parfois très grandes, tirant dans des directions très défavorables, etc.

En hiver, le poids de la neige sur les lignes de transports électriques crée de nouvelles difficultés et oblige les isolateurs à des efforts exceptionnels.

En été, lorsque les différences de température entre le jour et la nuit sont très grandes, les fils de cuivre sont soumis à des allongements et des contractions qui se répercutent sur l'isolateur par des tractions jamais semblables.

L'isolateur lui-même subit ces variations de température et les doit supporter.

Enfin, le grand ennemi de toutes les substances plus ou moins hygroscopiques : le gel, est à redouter et des fentes légères peuvent être la cause de détériorations rapides.

Les qualités mécaniques d'un bon isolateur doivent donc être multiples et jusqu'à présent c'est la porcelaine qui semble avoir donné les meilleurs résultats.

Qualités électriques. — Celles-ci doivent être également diverses, et la résistance à l'étincelle d'un isolateur provient non seulement de ce que la substance de l'isolateur est bonne, mais encore de la forme de celui-ci et de l'état de sa surface.

En effet, la résistance disruptive de l'air est moindre que ne l'est celle de la porcelaine (10 mm d'air — entre boules de 10 mm de diamètre — sont traversés par l'étincelle à 19.000 v efficaces, tandis qu'il faut 92.000 v pour traverser la même épaisseur de porcelaine) ; par conséquent, dans la grande majorité des cas, l'étincelle suivra la surface extérieure de l'isolateur et cherchera à jaillir de l'attache du fil parcouru par le courant à la ferrure fixant l'isolateur sur le poteau (bois ou métallique).

Il y a donc un immense avantage, pour le fabricant, à étudier une forme créant le plus grand nombre possible de difficultés au passage de l'étincelle, et, d'autre part, il est indispensable que la surface de l'isolateur soit excessivement polie pour que ne puissent s'y fixer les poussières plus ou moins conductrices que l'air tient en suspension.

L'étincelle elle-même, à laquelle doit parer l'isolateur, peut se manifester sous trois formes différentes :

1º Etincelle traversant la porcelaine (isolateur crevé) ;

2º Effluve épousant le contour de l'isolateur ;

3º Décharge à travers l'air (arc).

1º *Etincelle traversant la porcelaine.* — Le percement est causé le plus souvent par de petites bulles d'air contenues dans la pâte de l'isolateur. On peut l'empêcher en renforçant l'épaisseur de la porcelaine. Toutefois il est à remarquer que la résistance au percement

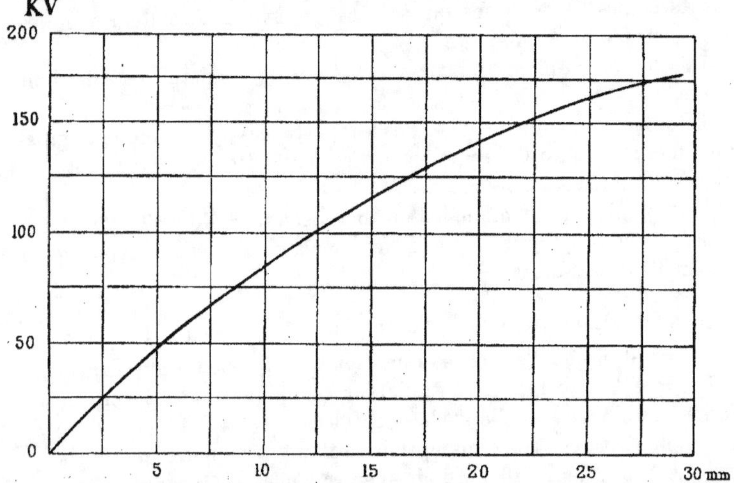

Fig. 3. — Courbe indiquant les tensions en kilovolts nécessaires pour traverser des épaisseurs déterminées de porcelaine.

n'est pas proportionnelle à l'épaisseur de la porcelaine ; sa courbe (fig. 3) croît d'abord très rapidement, puis devient peu à peu horizontale.

Il est aussi inutile d'augmenter par trop l'épaisseur de la porcelaine, d'abord vu l'aplatissement de la courbe, deuxièmement à cause de la difficulté de fabrication des porcelaines très épaisses.

On peut normalement arriver à obtenir des porcelaines remplissant parfaitement leur but comme isolateurs jusqu'à une épaisseur de 25 mm. Si la tension exige une épaisseur de porcelaine encore plus grande, il convient de diviser l'isolateur en plusieurs parties que l'on superpose les unes aux autres.

Tensions nécessaires pour traverser des épaisseurs déterminées de porcelaine

ÉPAISSEUR en millimètres	TENSIONS en volts
2,5	24.000
5	45.800
7,5	65.600
10	82.900
12,5	100.000
15	115.000
20	140.600
25	163.700
30	180.260

2° *Effluves.* — L'effluve épousant le pourtour de l'isolateur est la seconde forme de décharges que nous examinerons.

Théoriquement, une surface de porcelaine absolument sèche devrait opposer au courant la même résistance que l'air ; mais, en pratique, cette résistance est beaucoup plus faible.

Cette résistance dépend du degré d'humidité de la surface de la porcelaine, qui lui-même dépend de celui de l'air.

Par une forte pluie, cette résistance se réduit pratiquement à zéro, de telle sorte que pour les isolateurs pour lignes aériennes qui nous intéressent plus particulièrement, le pôle qui est sur la ligne se trouve ramené de la gorge de l'isolateur vers le bord de la cloche supérieure, diminuant ainsi, dans de fortes proportions, la distance utile opposée au passage du courant.

Avant qu'une décharge proprement dite ait lieu, il se produit des pertes de courant qui se manifestent par une effluve bleuâtre. L'intensité du courant peut être telle qu'elle produit l'échauffement de l'isolateur, ce qui tend à le rendre moins efficace, puisque l'on sait que l'isolement diminue avec la température. D'autre part, sous l'influence de ces effluves, l'air, autour de l'isolateur, devient ionisé, tout concourt donc pour faciliter, en fin de compte, le passage de la décharge à travers l'air.

3° *Décharge à travers l'air* (arc). — La décharge se produit à travers l'air quand la porcelaine est suffisamment épaisse et que sa surface est assez grande pour opposer une résistance plus forte à l'étincelle que le chemin direct à travers l'air.

Pour des isolateurs bien étudiés, cette décharge à travers l'air sec se produit à de si hautes tensions qu'elle ne joue aucun rôle dans la pratique ; mais il en est tout autrement lorsque l'air est humide, et c'est dans ces conditions que doivent être essayés les isolateurs pour lignes extérieures.

Nous examinerons plus complètement cette question de la décharge à travers l'air lorsque nous étudierons les formes à donner aux isolateurs.

Formes à donner aux isolateurs. — Vouloir décrire tous les types d'isolateurs que, tant en Europe qu'en Amérique, les constructeurs ont imaginés, serait un travail fastidieux qui ne serait d'aucune utilité aux lecteurs ; il est certes préférable d'examiner les raisons qui militent en faveur ou en défaveur de telles formes généralement admises, encore que celles-ci soient notablement différentes en Europe et en Amérique.

Certains ont cherché à ranger tous les isolateurs en deux classes :

Classe A. — Ceux construits d'après l'idée qu'ils doivent posséder une surface suffisamment sèche par tous les temps pour réaliser l'isolation nécessaire.

Classe B. — Ceux construits d'après ce principe que des surfaces de porcelaine, même humides, possèdent une certaine valeur d'isolation, et que, si les dimensions sont assez grandes, l'isolation recherchée est obtenue.

Il est presque impossible, pour les premiers, d'empêcher la pluie, tombant sur les surfaces qui y sont exposées, d'éclabousser les parties que la cloche supérieure doit protéger. Souvent, une petite quantité d'eau volatilisée par le courant de fuite forme de la vapeur qui reste sous la cloche supérieure, diminuant ainsi l'isolation.

Les isolateurs B exigent de telles dimensions que le poids en devient presque prohibitif.

Les principes de construction de ces deux classes doivent, en conséquence, être combinés pour réaliser un isolateur efficace d'un poids raisonnable.

Le poids entre, en effet, en ligne de compte dans le choix d'un isolateur, et *Friese*, dans une étude des isolateurs pour haute tension, évalue leur efficacité d'après la formule :

$$A \times B = \text{valeur d'isolation} :$$

$$\text{où} \qquad A = \frac{\text{isolation sous la pluie}}{\text{isolation à sec}}$$

$$\text{et} \qquad B = \frac{\text{isolation sous la pluie}}{\text{poids de l'isolateur}}.$$

Comme exemple, il compare, dans les mêmes conditions d'essai, un isolateur *Delta* et un isolateur américain ayant pratiquement la même valeur pour A.

ISOLATEURS	Sous la pluie	A sec	Poids	A	B	VALEUR d'isolation	SURFACE de la cloche supérieure	Hauteur
	Volts	Volts	Gr.				cm²	cm
Isolateur Delta	49.000	93.000	2.125	0,53	23	12	240	19,5
Isolateur Américain	49.000	92.000	2.910	0,53	16,8	9	325	23

Ces chiffres prouvent la grande efficacité du type *Delta*.

Tenant compte de ces divers desiderata, voyons quels sont les isolateurs qui doivent donner le plus de sécurité à l'exploitant.

Importance des nervures. — Il est certain que si l'on fait abstraction de la pluie, on augmentera la résistance en allongeant le chemin que doit parcourir l'effluve sur la surface de l'isolateur.

Dans ce but, afin d'obtenir un chemin sinueux, et par conséquent plus long, on prévoit généralement une série de cloches ou de nervures superposées.

Il faut cependant éviter de faire ces cloches trop longues ou de les placer trop près les unes des autres, car elles ne rempliraient plus leur but, et l'effluve, au lieu de suivre le chemin le plus long par la porcelaine, prendra le chemin le plus court à travers l'air.

Il convient surtout de remarquer que le parcours de l'étincelle qui

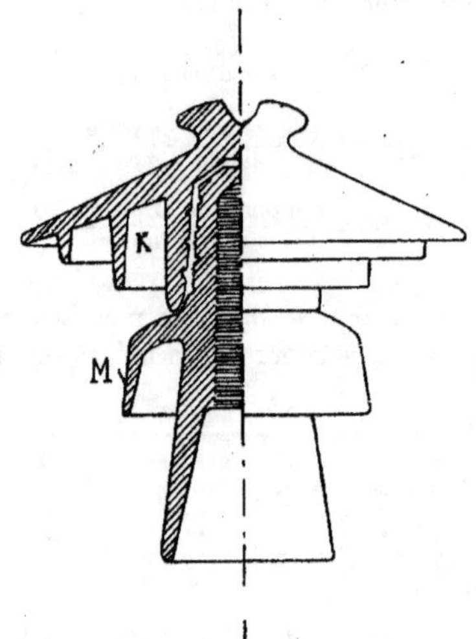

Fig. 4. — Isolateur ROSENTHAL et Cie (dessiné par Benischke).

serait ainsi subdivisé par des cloches intermédiaires a une influence toute différente sur la décharge par un temps sec ou par la pluie.

Du fait que ces parties intermédiaires deviennent humides par la pluie, elles offrent à l'étincelle des points d'appui et l'espace d'air à traverser par l'étincelle ne sera pas seulement plus court, mais il se formera des décharges intermédiaires.

Un bon isolateur doit donc avoir une forme telle que la décharge ne trouve *aucun point d'appui* entre le bord extérieur de la cloche supérieure et la ferrure.

C'est ce qui a été cherché dans l'isolateur (fig. 4) dessiné par Benischke et fabriqué par la maison Rosenthal et Cie.

La chambre K reste sèche, même par une pluie horizontale ou par
le jaillissement de gouttes d'eau tombées en dessous. La cloche M a
un retrait suffisant pour ne pas être mouillée par une pluie moyenne-
ment oblique ; elle est d'ailleurs hors du chemin que suivrait l'étincelle
dans l'air. Aussi le point d'appui signalé plus haut n'existe-t-il pas.

Essayé par une pluie de 6 mm à la minute sous une inclinaison de
45 à 60°, le court-circuit s'est produit à 108.000 v. Les effluves ont
commencé à 95.000 v.

Cet isolateur a été établi pour une tension normale de 70.000 v.

* * *

M. Kuhlmann, lui, a proposé un système (A. E. G.) où l'on renonce
complètement aux sillons qui ne servent, parfois, qu'à agglomérer
les poussières.

Son isolateur est vide à l'intérieur (il est hermétiquement clos en
bas par un couvercle métallique) ; la rupture ne peut ainsi se produire
que superficiellement, même si l'isolateur se brise en haut. Pour augmenter la rigidité mécanique, la section des porcelaines a une forme
parabolique.

Pour de très hautes tensions, on monte plusieurs éléments en série
(fig. 5 et 6). Le modèle de la figure 6 est établi pour 125.000 v.

* * *

Quelques spécialistes ne sont toutefois pas partisans d'un trop grand
nombre de subdivisions, car les points de jonction sont parfois des
points faibles, lorsque la ferrure pénètre à l'intérieur.

Pour éviter cet inconvénient, les scellements entre les diverses
parties peuvent être faits non pas au moyen de ciment, mais à l'émail
et recuits, ce qui forme une masse parfaitement isolante et de même
composition que la porcelaine.

D'après les mêmes expérimentateurs, un second point important à
envisager pour les isolateurs de lignes aériennes, c'est l'augmentation
de la capacité électrique par suite de la superposition des épaisseurs
de porcelaine et de ciment. Et c'est précisément cette capacité dans
la ligne qui est la cause de surtensions perturbatrices.

Il résulterait de ce qui précède qu'il faut diminuer autant que
possible le nombre des subdivisions dans un isolateur.

Les petits isolateurs et ceux de moyenne grandeur doivent se faire
en une seule pièce. Et aussi longtemps que l'on ne rencontre pas de
difficultés de fabrication, on ne devrait pas avoir de subdivisions.
Lorsqu'on est obligé de recourir à ce moyen, les scellements devraient
être faits à l'émail et ce n'est que pour les tout gros isolateurs, qui ne

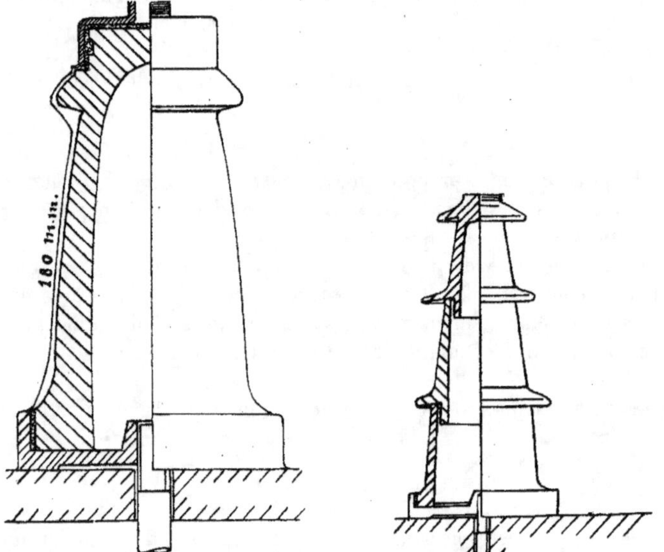

Fig. 5. — Isolateurs KUHLMANN, 33.000 volts.   Fig. 6. — Isolateurs en série, 125.000 volts.

devraient pas être composés de plus de deux parties, que l'on emploie-
rait les scellements en ciment.

Comme démonstration de ce qu'ils avancent, les partisans de ce
mode de fabrication citent l'exemple d'isolateurs Rosenthal, en deux
pièces scellées au ciment, pour une tension de régime de 66.000 v.

Influence de l'humidité. — Tout ce que nous venons de dire concernant les isolateurs montre l'influence considérable de l'humidité dans
la production des décharges disruptives. Pour se rendre compte de la
façon dont résiste un isolateur, il est donc indispensable de l'essayer

dans des conditions qui se rapprochent le plus possible de celles qui existeront dans la pratique. Il faut en conséquence expérimenter sous une pluie artificielle et il est nécessaire de connaître la quantité d'eau qu'il faut déverser sur l'isolateur durant les essais.

D'après un très grand nombre d'expériences, il ressort que la tension de rupture varie peu à partir de 10 mm de hauteur de pluie par minute (fig. 7). Or, en pratique, les chutes d'eau de cette importance sont

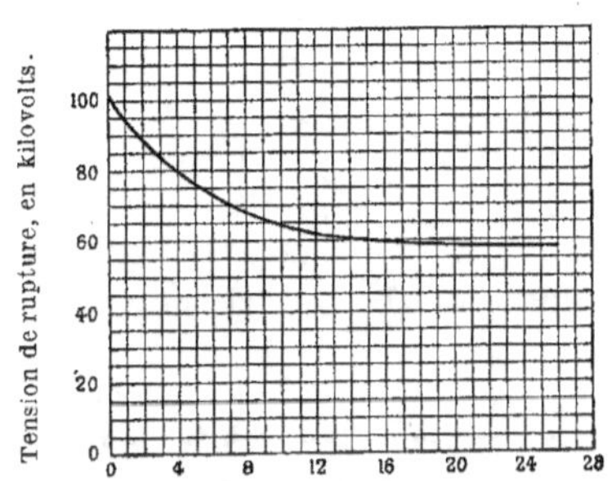

Fig. 7. — Hauteur de pluie par minute (millimètres).

rares ; d'après plusieurs observateurs, la pluie la plus forte observée en Allemagne durant cinq années consécutives a été de 5 mm d'eau en une minute ; en Angleterre, on a observé 7 mm en une minute et en Espagne 10 mm en une minute, mais ces chutes d'eau sont exceptionnelles, et en admettant, lors des essais, 10 mm d'eau par minute, on sera certain d'être dans des conditions rarement atteintes dans la pratique.

Essais d'isolateurs en porcelaine. — Nous avons fait un certain nombre d'essais sur des isolateurs en porcelaine essayés parallèlement à sec, au laboratoire, et à la pluie naturelle. Les essais ont été dirigés surtout dans le but de déterminer dans quelle mesure les isolateurs résisteraient au courant continu vis-à-vis du courant alternatif.

Comme l'on possède maintenant beaucoup de données pratiques relatives à l'alternatif, il était intéressant d'établir au mieux possible le rapport existant entre ces deux genres de courant, ce qui pouvait permettre de déterminer quelles étaient les tensions continues équivalant les tensions alternatives, et, par suite, à quelles distances de transport on pouvait prétendre à égalité de pertes et de sécurité, avec l'un et l'autre système.

Tous les isolateurs ont, sans aucune exception, résisté à des tensions beaucoup plus fortes en continu qu'en alternatif, ce qui était à prévoir. De même pour tous les corps isolants soumis à la perforation. De plus, les isolateurs soumis au continu n'ont jamais chauffé d'une quantité appréciable, ce qui n'a pas été le cas avec l'alternatif ; ceci s'explique en partie par l'absence des effets de capacité avec le continu.

Les isolateurs de porcelaine soumis aux épreuves étaient munis de leurs ferrures normales. Un très petit nombre de petits modèles ont été perforés; l'étincelle éclatait le plus souvent à l'extérieur, entre la ligature du fil de ligne et la ferrure. Dans ce cas l'on pouvait appliquer successivement au même isolateur la tension continue et alternative.

Résultats d'expériences. — Essais d'isolateurs en porcelaine, de types courants, soumis alternativement à des tensions continues et alternatives, graduellement croissantes, jusqu'à ce que le court-circuit s'établisse entre le fil de ligne et la ferrure, laquelle était toujours reliée directement à l'un des pôles de la source du courant.

Ces essais se décomposent en deux séries distinctes : l'une au laboratoire, sur isolateurs secs et propres ; la seconde à l'extérieur, sur isolateurs exposés aux intempéries pendant un certain temps ; on a profité d'un jour de pluie continue pour exécuter ces essais sur isolateurs parfaitement mouillés. Comme on le voit, la différence est très forte.

Le nombre d'isolateurs expérimentés ensemble était trop faible pour que l'énergie dépensée ait pu être mesurée avec quelque précision avec les appareils dont nous disposions, spécialement pour l'alternatif. On a seulement pu constater une légère tendance à l'échauffement avec l'alternatif à haut voltage.

ISOLATEURS	MOYENNE des voltages auxquels les échantillons de ce type ont cédé		RAPPORT entre courants altern. et continu	OBSERVATIONS
	Alternatif	Continu		
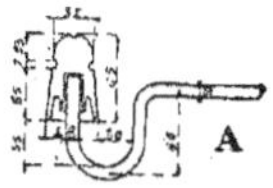 **A**	15.000 v 25.000 v	24.000 v	1,60	Essais faits avec pluie continue dans la cour (isolateurs percés). Essais faits au laboratoire, par temps sec, les isolat. propres et bien essuyés (cédé à la ferrure).
B 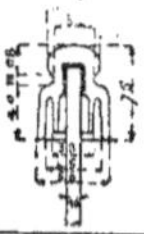	21.400 v 42.000 v	34.000 v	1,59	Essais dans la cour (cédé à la ferrure). Essais au laboratoire (cédé à la ferrure).
C 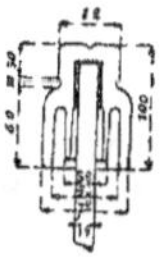	27.000 v 50.000 v	40.000 v	1,48	Essais dans la cour (cédé à la ferrure). Essais au laboratoire (cédé à la ferrure).
D 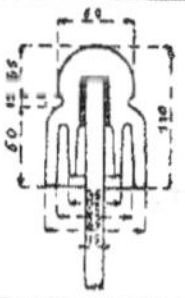	34.700 v 54.000 v	45.300 v	1,35	Essais dans la cour (cédé à la ferrure). Essais au laboratoire (cédé à la ferrure).
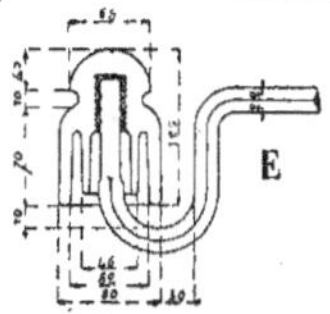 **E**	31.160 v 34.000 v	40.800 v	1,31	Essais dans la cour (cédé à la ferrure). Essais au laboratoire (cédé à la ferrure).
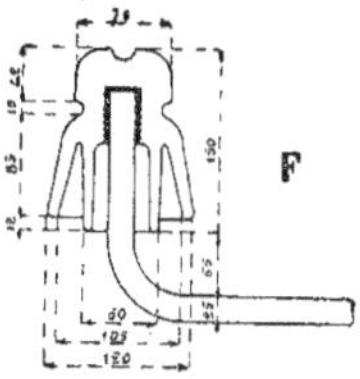 **F** **G** 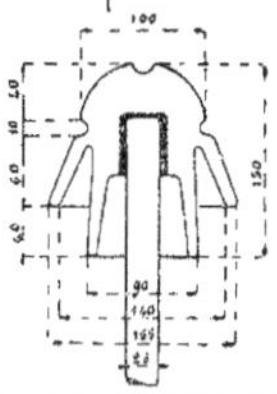				N'ont pas cédé à 60.000 volts.

Il est intéressant de remarquer que, dans les trois premiers essais, la force électromotrice continue nécessaire pour que jaillisse l'étincelle est notablement supérieure à $\sqrt{2}$ fois la force électromotrice alternative efficace.

II. — ISOLATEURS EN SUBSTANCES AUTRES
QUE LA PORCELAINE

Isolateurs en verre. — Les isolateurs en *verre*, dont nous avons déjà dit quelques mots, ont comme avantage d'être beaucoup plus vite et plus facilement fabriqués. Mais, par le fait d'être une matière coulée, le verre contient beaucoup de bulles d'air, ce qui diminue sa résistance au percement. En outre, le verre est soumis, comme toutes les matières coulées, à des tensions mécaniques internes qui produisent facilement des fissures et, par suite, provoquent l'éclatement de l'isolateur.

D'autre part, le verre est plus fragile que la porcelaine et résiste moins bien aux différences de températures ; si l'on refroidit ou chauffe brusquement un isolateur en verre, il éclatera alors que la porcelaine résistera beaucoup mieux. Or l'essai de température est exigé par les prescriptions de plusieurs pays.

Enfin, rappelons une fois encore que l'eau dissout le verre et qu'à la longue les pièces en verre exposées directement à l'action de pluies parfois violentes voient leur surface devenir rugueuse, retenant de ce fait, beaucoup plus facilement, les poussières et l'humidité.

Il convient de dire cependant que, tout comme la porcelaine a été étudiée et modifiée par les fabricants de façon à répondre aux multiples desiderata des isolateurs, il est possible que les verriers, eux aussi, s'appliquent à rechercher des verres en partie exempts des inconvénients que nous avons signalés.

Isolateurs en ambroïne. — Nous avons déjà parlé de cette substance que certaines qualités de dureté et de résistance aux intempéries font utiliser, dans les installations de tramways, par exemple.

Les *Vereinigte Isolatorenwerke*, de Berlin, fabriquent des isolateurs en ambroïne ayant quelque peu la forme d'un abat-jour de lampe. Le type, pesant 110 gr., étant essayé sous une pluie verticale de 10 mm à la minute, l'étincelle saute à 22.000 v.

Pour des tensions plus élevées, l'isolateur se compose de deux pièces distinctes ; l'une, inférieure, tout en ambroïne ; l'autre, supérieure, en porcelaine ; les deux pièces sont vissées l'une dans l'autre. Dans les mêmes conditions d'expérience que le premier isolateur, le type pour hautes tensions supporte 52.000 v. Il pèse 790 **gr.**

Les principaux avantages que les intéressés reconnaissent aux isolateurs en ambroïne sont notamment : le coût de revient moins considérable ; un poids plus faible (poids spécifique de l'ambroïne 1,5, au lieu de 2,35 pour la porcelaine) ; une résistance plus grande aux chocs, soit une fragilité moindre.

Par contre les aigrettes qui sillonnent fréquemment les isolateurs des lignes à haute tension, et mieux encore les arcs, détériorent rapidement l'ambroïne qui ne résiste pas à une température supérieure à 100 ou 120°.

Quelques installations ont été équipées avec des isolateurs en ambroïne et, comme pour ceux en verre, le temps seul permettra de juger complètement des avantages et des inconvénients.

Autres substances employées. — Comme nous avons eu l'occasion de le dire, des essais ont été faits d'isolateurs à base d'amiante et de goudron, mais les résultats n'ont pas répondu à ce qu'en attendaient les fabricants. Nous avons, nous-mêmes, essayé quelques-uns de ces isolateurs, mais ils ne possédaient ni les qualités mécaniques ni les qualités électriques requises.

Essais des isolateurs. — Nous ne nous étendrons pas outre mesure sur cette question, si importante soit-elle, car dans les fabriques de quelque importance, tous les isolateurs sont soumis à des essais très serrés qui donnent une garantie réelle aux acheteurs.

Il est bien entendu que cela ne doit pas faire négliger l'essai rapide des isolateurs avant leur montage sur les lignes, mais ces essais doivent surtout avoir pour but de déceler les fissures possibles produites par des chocs durant les transports et magasinages, plutôt que des défauts de fabrication qui auraient été reconnus à la fabrique.

Les essais à la fabrique doivent être de trois sortes :

1° Résistance à l'échauffement que peuvent produire les effluves dues à l'humidité ou des surtensions, voire même des arcs passagers ;

2° Distance suffisante, à l'air sec et sous la pluie, entre l'emplacement du fil de ligne et la ferrure, pour une tension donnée ;

3° Résistance de la porcelaine ou de la matière même de l'isolateur au *percement* par l'étincelle.

Quant à ce qu'il convient, dans son propre laboratoire, de faire pour être renseigné sur la valeur des isolateurs, nous croyons que deux sortes d'essais suffisent :

Essais au liquide coloré. — Comme il s'agit, avons-nous dit, de reconnaître si des fissures se sont produites durant les manutentions, il faut tout d'abord mettre les isolateurs dans un bac contenant un liquide coloré, par exemple par des sels d'aniline.

Après avoir laissé séjourner les isolateurs en expérience au moins une demi-heure, ils doivent être retirés et essuyés soigneusement. Les moindres craquelures du glaçage, les plus légères fentes sont alors visibles par une marque colorée tandis que le reste de l'isolateur est indemne.

Essais électriques. — Les essais sous courant s'effectueront de la façon suivante :

Les isolateurs seront tous placés, la tête en bas, dans un récipient contenant de l'eau salée, donc conductrice ; une certaine quantité de ce même liquide est introduite dans la partie centrale des isolateurs où se logera la ferrure et des fils métalliques réuniront tous ces intérieurs, un pôle de transformateur ou d'une source électrique quelconque y étant connecté, l'autre pôle étant relié au récipient dans lequel trempent les isolateurs.

La pression est alors montée peu à peu, et, au fur et à mesure que des isolateurs éclatent ou sont percés, ils sont retirés du bac d'observation et les essais reprennent.

Tensions auxquelles doivent être soumis les isolateurs lors des essais. — Nous donnons figure 8 une courbe indiquant, en fonction des tensions de régime auxquelles doivent être soumis les isolateurs, les tensions de rupture. Les rapports varient, ainsi qu'on le voit, de trois fois le voltage normal pour environ 20.000 v en ligne à 2 fois la tension de régime pour des installations à 120 ou 130.000 v. Une autre courbe de la même figure indique les facteurs de sécurité.

Lorsque les essais sont entrepris sous la pluie (ou sous la douche qui remplace celle-ci dans le laboratoire), il est intéressant de consulter la courbe de la figure 7, qui indique les tensions de rupture pour des hauteurs de pluie — exprimées en millimètres — différentes. On peut remarquer que la tension de rupture varie peu à partir de 10 mm de hauteur de pluie par minute. Cette quantité d'eau est déjà exceptionnelle, et de nombreuses observations faites dans divers pays (Suisse, Espagne, Angleterre, Allemagne) il semble résulter que les plus fortes chutes sont entre 5 et 7 mm en une minute et que c'est très exceptionnellement que l'on a pu observer jusqu'à 10 mm.

Dans les essais à la douche, il faut avoir soin de ne pas placer celle-ci

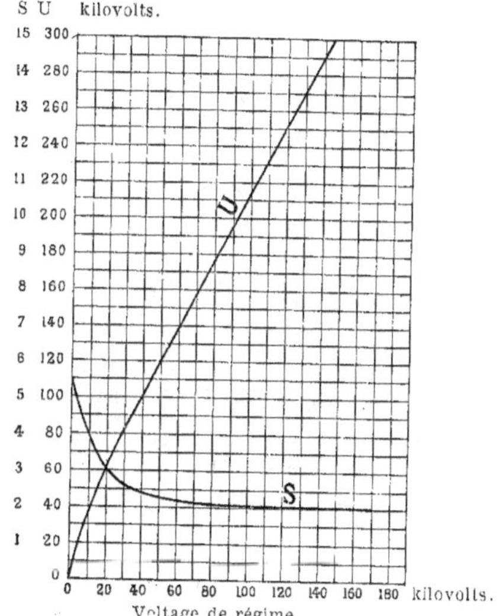

Fig. 8. — U, tension de rupture. — S, facteur de sécurité.

perpendiculairement au-dessus des isolateurs, mais de l'incliner d'environ 45° par rapport à ceux-ci, de façon à se trouver, autant que faire se peut, dans les conditions d'une pluie chassée par le vent.

Pertes par les isolateurs. — Il est certain que les conditions atmosphériques : poussières, humidité, influent considérablement sur l'isolement des lignes électriques et, par conséquent, modifient les pertes dues aux isolateurs.

C'est ainsi que sur des lignes télégraphiques, on constate des variations allant de 25 à 0,0003 mégohms par kilomètre ; déjà avec 300.000 ohms par kilomètre, il est difficile de travailler et il faut rechercher les défauts. Naturellement, après une pluie ayant lavé les isolateurs, l'isolement remonte le plus souvent à de grandes valeurs.

Le type d'isolateurs influe aussi sur l'isolement ; ainsi, des mesures comparatives ont donné les chiffres minima suivants pour deux lignes placées dans les mêmes conditions atmosphériques :

1,25 mégohm par kilomètre avec simple cloche en verre,
3,7   —   double cloche en verre.
(Modèles de la Compagnie des chemins de fer du Nord.)

Sur une ligne de transport de force de 10 km., isolée en double cloche en porcelaine du même modèle, M. F. de Poncharra a relevé les chiffres suivants :

210   mégohms par kilomètre par temps très sec et chaud ;
1,5   —   fort brouillard ;
0,9   —   très forte pluie.

Pratiquement, l'isolement des lignes aériennes se mesure soit au moyen de la méthode de la déviation d'un galvanomètre sensible, soit au moyen d'un ohmmètre.

Quant à la valeur minimum de l'isolement à maintenir sur une ligne, on peut, d'après Monmerqué, pour la déterminer, soit admettre la règle de M. Picou :

$$\rho = K \frac{E}{I},$$

soit celle de la Préfecture de Police de Paris (perte égale au $\dfrac{1}{1000}$ du courant total).

Le Syndicat des Industries Electriques a adopté la règle de M. Picou avec $K = 10.000$.

Pour les lignes établies sur la grande voirie nationale française, l'arrêté de 1893 a fixé la règle :

$$\rho = \frac{E^2}{K} \text{ avec } K = \frac{1}{5}.$$

Cette dernière règle donne lieu à des valeurs d'isolement certainement exagérées et difficiles à maintenir dès qu'on aborde les très hautes tensions.

CHAPITRE XII

Isolants plastiques

I. — CAOUTCHOUC

Le caoutchouc et la gutta-percha ont une importance telle, comme isolants dans l'industrie électrique, qu'il convient d'en faire une étude un peu complète.

Le caoutchouc est un produit naturel obtenu par la coagulation du latex ou suc laiteux extrait de certaines espèces de végétaux, notamment de celles appartenant aux familles suivantes : euphorbiacées, artocarpées, apocynacées et asclepiadées.

L'extraction du latex des arbres à caoutchouc se fait au moyen de saignées pratiquées dans l'écorce, tout autour du tronc. Le latex qui s'en échappe est un liquide blanc, visqueux, rappelant tout à fait le lait par son aspect. Le latex renferme encore d'autres substances organiques et minérales.

Le caoutchouc pur, fraîchement coupé, est donc blanc, ou plutôt incolore, les nuances plus ou moins foncées que l'on constate, notamment à l'extérieur, sont dues soit à une substance colorante provenant de la sève, soit à l'action des agents atmosphériques qui altèrent peu à peu le caoutchouc.

Le caoutchouc n'a pas d'odeur par lui-même ; celle qui s'en dégage est le fait des matières putrescibles qu'il peut renfermer ou bien elle provient des procédés suivis pour la coagulation.

Son poids spécifique est compris entre 0,919 et 0,942. Malgré sa faible densité, le caoutchouc possède une grande ténacité et une texture nerveuse remarquable. De cette qualité fondamentale découlent deux autres propriétés importantes : l'élasticité et l'extensibilité. On a constaté qu'un ruban de Para pouvait supporter pendant assez longtemps, sans se rompre, un allongement égal à cinq fois sa longueur, et qu'il reprenait ensuite ses dimensions primitives.

Ainsi que nous l'avons dit, le caoutchouc est un corps mauvais conducteur de la chaleur et de l'électricité.

Par l'action du froid, il se contracte et perd peu à peu son élasticité ; vers 3 ou 4° C, il devient rigide ; on dit alors qu'il est gelé.

La chaleur, au contraire, le dilate et le ramollit. A mesure qu'on le chauffe, il perd momentanément sa nervosité. A 145° C, il devient gluant, sans consistance ; il se liquéfie même tout à fait si l'on porte sa température à 170° ou 180° C.

Une autre qualité caractéristique du caoutchouc naturel est son adhésivité, c'est-à-dire la faculté qu'il a de se souder à lui-même d'une façon complète. Cette propriété est exaltée par la chaleur, de sorte que, si on chauffe le caoutchouc à une température modérée, on obtient une masse plastique, à laquelle on peut faire prendre la forme que l'on désire, précieux avantage constamment mis à contribution dans l'industrie (fabrication des fils, câbles, etc.).

L'eau n'a pas une action immédiate sur le caoutchouc. Elle ne le dissout pas, mais le pénètre lentement et finit par le faire gonfler. C'est là un inconvénient auquel on a su remédier dans la pratique par un traitement approprié.

Par contre, plusieurs liquides, entre autres l'éther, le sulfure de carbone, la benzine, le naphte, ont la propriété de dissoudre le caoutchouc, sinon complètement, au moins en ne laissant qu'un faible résidu. Les dissolvants les plus intéressants, au point de vue industriel, sont représentés par les huiles légères provenant de la distillation du goudron et du pétrole, lesquelles peuvent absorber jusqu'à 30 % de leur poids de caoutchouc. C'est sur ces facultés que repose la fabrication de tous les vernis à base de caoutchouc. Il est très facile d'éliminer ensuite le liquide par évaporation.

Ainsi que nous l'avons déjà signalé, l'air et la lumière exercent une influence marquée, quoique lente, sur la composition du caoutchouc. Cette influence se manifeste surtout par une modification de la teinte superficielle. Avec le temps, cette altération peut se propager jusque dans l'intérieur de la masse ; il s'agit ici, en réalité, d'une véritable oxydation.

Au point de vue chimique, constatons, tout d'abord, que le caoutchouc est peu sensible à l'action des acides et des alcalis, pourvu que ceux-ci soient convenablement dilués. Mais il est une autre particularité qui doit attirer l'attention, parce qu'elle joue un grand rôle dans la mise en œuvre de cette substance.

Le caoutchouc étant un hydrocarbure non saturé, il est susceptible de fixer, dans des conditions favorables, certains corps simples à affinité accentuée, comme le chlore, le brome, l'iode, l'oxygène et le soufre. La combinaison du caoutchouc avec le soufre est surtout intéressante, car elle a été le point de départ de l'utilisation industrielle de ce produit. Cette question est de première importance et nous lui avons consacré un paragraphe spécial (Chapitre VI).

Emploi du caoutchouc dans l'isolation des conducteurs. — Nous avons dit, à plusieurs reprises, que le prix élevé du caoutchouc avait amené un certain nombre d'industriels peu scrupuleux à vendre sous ce nom des mélanges plus ou moins complexes auxquels on a cherché à donner, en apparence tout au moins, quelques-unes des qualités de la précieuse gomme.

Il a donc été nécessaire de codifier ce que l'on entendait exiger comme substance ayant nom caoutchouc dans l'isolation des conducteurs.

Nous donnerons en exemple les normes proposées par l' « Association Suisse des Electriciens » [1].

Normes pour les rubans de caoutchouc et pour les caoutchoucs dits mélangés, employés comme isolants pour fils conducteurs :

Art. 4. — **Rubans de caoutchouc.** — Les rubans de caoutchouc doivent contenir au moins 90 % de caoutchouc vulcanisé, techniquement pur, dont la teneur en résine net ne doit pas excéder 6 %.

L'adjonction de factices et de caoutchoucs régénérés est interdite.

La vulcanisation doit avoir été obtenue au moyen du soufre et à chaud.

Toute vulcanisation obtenue par un autre procédé et à froid est interdite.

Le poids spécifique du ruban ne doit pas être supérieur à 1.

Les rubans de caoutchouc résisteront à l'essai de traction suivant :

Une longueur de 2 cm est marquée sur le ruban, lequel est ensuite soumis, pendant 10 minutes, à une traction produisant un allongement de longueur mesurée égal à 16 cm, soit 8 fois la longueur primitive.

Le ruban ne doit pas se déchirer pendant cet essai et 10 minutes après la suppression de la traction, la longueur repérée ne doit pas avoir subi un allongement supérieur à 20 %.

Pour cet essai, on prélèvera des échantillons en trois points différents du ruban.

Art. 5. — Caoutchoucs dits mélangés. — Ces caoutchoucs doivent contenir au minimum 33,3 % de caoutchouc techniquement pur, dont la teneur en résine net ne doit pas excéder 6 %.

Le mélange ne contiendra pas plus de 66,7 % de matières adjonctives (soufre compris). Ces matières doivent être inorganiques et contenir au maximum 3 % de cérésine.

L'emploi de caoutchoucs factices et régénérés comme matières adjonctives n'est pas autorisé.

Le poids spécifique du mélange ne sera pas inférieur à 1,5.

Les analyses de caoutchouc porteront sur les points suivants : poids spécifique, teneur en caoutchouc, résine, soufre et autres substances ajoutées.

. . . .

Normes pour fils isolés :

Art. 8. — Fils à ruban de caoutchouc.

Exécution. — Le conducteur consiste en un ou plusieurs brins de cuivre mou, étamé au feu. Il est recouvert d'une couche de coton, puis d'un ruban de caoutchouc appliqué sans solution de continuité, recouvert lui-même d'une couche de coton. Sur le tout s'applique une tresse bien adhérente en coton ou en matière analogue, équivalente. Cette tresse doit être imprégnée d'une substance isolante appropriée, en tant que cette imprégnation ne rend pas impossible une coloration déterminée.

Dans les conducteurs multiples, la tresse extérieure peut être commune aux divers conducteurs.

Rubans de caoutchouc. — Le ruban de caoutchouc doit correspondre, en ce qui concerne le recouvrement, le retrait et le poids, aux prescriptions suivantes :

Recouvrement des bords. — Les bords du ruban de caoutchouc doivent se recouvrir d'au moins 1,6 ^{mm} sur le fil de 1 mm² et au-dessous ; pour les fils de 1 à 5 mm², le recouvrement doit être d'au moins 2 mm ; jusqu'à 20 mm², d'au moins 3 mm, et au-dessus de 20 mm², d'au moins 4 mm.

Le recouvrement peut être assuré par un second ruban.

Retrait. — A l'enroulement le ruban de caoutchouc ne doit être soumis qu'à une tension modérée, ne dépassant pas celle qui est nécessaire à l'application serrée des spires lors de la fabrication. Le ruban sera soumis à l'essai suivant :

Après enlèvement des couches isolantes qui recouvrent le ruban de caoutchouc, ce dernier est déroulé et la longueur de ruban déroulée doit mesurer, une heure après cette opération, au moins 80 % de la longueur d'enroulement calculée.

Poids. — Le poids du ruban de caoutchouc est prescrit par le tableau ci-contre.

Dans la détermination du recouvrement, on tiendra compte de la valeur minimum trouvée.

Les valeurs du retrait et du poids seront, si possible, déduites en faisant la moyenne des valeurs trouvées à l'examen de trois fragments différents, de un demi-mètre de longueur.

Inflammabilité. — Un fragment de conducteur, de 5 cm, plongé perpendiculairement à mi-longueur pendant une minute dans un bain métallique de 210° C, ne doit pas s'enflammer au point d'immersion dans le bain par le passage au travers de la flamme d'un chalumeau à gaz d'éclairage.

Essai d'enroulement. — Les couches isolantes et la tresse doivent résister aux efforts mécaniques qui se produisent lors du montage et du nettoyage des fils et pouvoir subir l'essai suivant :

Le fil isolé étant enroulé en spirale sur un cylindre d'un diamètre égal à 3 fois celui du fil, mesuré sur l'enveloppe isolante, il ne doit se produire ni rupture, ni fissure de la tresse, ni écaillement de la substance imprégnante.

Essai de résistance à la tension. — La spirale obtenue dans l'essai précédent sera exposée pendant 24 heures à l'action de l'air dont le degré hygrométrique sera de 90 %, puis, aussitôt plongée dans un bain de mercure et soumise, pendant une demi-heure, à une tension alternative efficace de 2.000 v entre l'âme du cuivre et le mercure. L'enveloppe isolante ne doit pas être perforée pendant cet essai.

Art. 9. — **Fils à gaine de caoutchouc pour basses tensions.** — *Exécution.* — Le conducteur consiste en un ou plusieurs brins en cuivre mou, étamé au feu.

Il est entouré d'une gaine, entièrement imperméable, composée

Valeurs des poids et des épaisseurs du caoutchouc et des intensités du courant de régime admis pour les fils isolés, utilisés pour les installations intérieures :

SECTION en mm²	DIAMÈTRE en mm	NOMBRE minimum de brins des fils câblés	POIDS du ruban de caoutchouc par 100 m de fil, en gr. selon art. 8	ÉPAISSEUR de la couche de caoutchouc en mm suivant art. 9	INTENSITÉ du courant de régime en ampères
0,6	0,9		110	0,8 (1)	4
0,75	1,0		120	0,8	6
1,0–1,1	1,1–1,2		130	0,8	6
1,5	1,4		175	0,8	10
1,8	1,5		190	0,8	12
2,5	1,8		220	1,0	15
3,0–3,1	2,0		240	1,0	17
4,0	2,3	7	240	1,0	20
4,9–5,0	2,5		280	1,0	22
6,0	2,8		300	1,0	25
7,0–7,1	3,0		320	1,1	28
9,6–10,0	3,5		380	1,2	35
12,5–12,6	4,0		430	1,2	45
16,0	4,5		510	1,2	55
20,0	5,0		590	1,3	65
24–25	5,5–5,7		760	1,4	80
28–30	6,0–6,2		830	1,4	90
33–35	6,5–6,7		890	1,4	100
40	7,1		960	1,5	115
50	8,0	19	1.070	1,6	125
70	»		1.250	1,6	160
95	»		1.450	1,8	190
120	»		1.620	1,8	225
150	»		1.800	2,0	260
185	»	37	1.980	2,2	300
240	»		2.300	2,4	360
310	»		2.600	2,6	430
400	»	61	2.900	2,8	500
500	»		3.200	3,2	600

(1) Dans les fils souples pour suspensions à tirage, l'épaisseur de la couche de caoutchouc peut être réduite à 0mm,6.

d'une ou deux couches de caoutchouc vulcanisé, dit mélangé, correspondant aux prescriptions de l'article 5, sur laquelle est entourée une enveloppe protectrice, bien adhérente, composée d'un ruban caoutchouté ou d'un ruban imprégné, de valeur équivalente.

Le tout est recouvert d'une tresse de coton ou de matière similaire, imprégnée d'une substance isolante convenable.

Dans les conducteurs multiples, la tresse peut être commune. Les conducteurs composés de fils fins, jusqu'à $0^{mm},3$ de diamètre, seront d'abord recouverts d'une couche de coton sur laquelle s'appliquera ensuite les gaines de caoutchouc recouvertes de la gaine de protection bien adhérente.

Epaisseur de la gaine de caoutchouc. — L'épaisseur de la gaine de caoutchouc est prescrite par le tableau précédent.

Sera considérée comme épaisseur, la plus petite valeur trouvée dans la mesure de 3 sections différentes.

Inflammabilité. — Un fragment de conducteur de 5 cm plongé perpendiculairement, à mi-longueur, pendant une minute dans un bain métallique à 210° C, ne doit pas s'enflammer au point d'immersion dans le bain, par le passage au travers de la flamme d'un chalumeau à gaz d'éclairage.

Essai d'enroulement. — Les couches isolantes de la tresse doivent résister aux efforts mécaniques qui se produisent lors du montage et du nettoyage des fils et pouvoir subir l'essai suivant :

Le fil isolé étant enroulé en spirale sur un cylindre d'un diamètre égal à 3 fois celui du fil, mesuré sur l'enveloppe isolante, il ne doit se produire ni rupture, ni fissure de la tresse, ni écaillement de la substance imprégnante.

Essai de résistance à la tension. — La spirale obtenue dans l'essai précédent sera plongée pendant 24 heures dans de l'eau à environ 15° C et ensuite soumise, entre le conducteur et l'eau, pendant une demi-heure, à une tension alternative efficace de 2.000 v. L'enveloppe isolante ne devra pas être perforée par cet essai.

Conducteurs multiples. — Dans les conducteurs multiples obtenus en tordant ensemble un certain nombre de conducteurs simples, massifs ou à brins, chacun des conducteurs devra répondre aux prescriptions ci-dessus.

Dans les conducteurs multiples recouverts d'une tresse commune, la tresse extérieure des conducteurs simples peut être supprimée. Chacun des conducteurs simples doit répondre aux prescriptions concernant la gaine de caoutchouc. Les essais d'inflammabilité, d'enroulement et de résistance à la tension, seront faits sur le conducteur multiple considéré comme un tout. Pour l'essai de tension, les divers conducteurs seront réunis entre eux.

Art. 10. — Fils à gaines de caoutchouc superposées.

Exécution. — Le conducteur consiste en un ou plusieurs brins de cuivre mou, étamé au feu. Il est revêtu de deux ou plusieurs gaines en caoutchouc, entièrement imperméables à l'eau.

La première couche doit être en caoutchouc techniquement pur, et les couches suivantes seront en caoutchouc vulcanisé, dit mélangé, conforme aux prescriptions de l'art. 5. Sur ces couches s'applique une enveloppe de protection, bien adhérente, consistant en un ruban caoutchouté ou imprégné d'une substance isolante équivalente. Le tout est recouvert d'une tresse de coton ou de matière analogue, équivalente, imprégnée d'une substance isolante convenable.

Les conducteurs souples, composés de fils fins jusqu'à $0^{mm},3$ de diamètre, seront d'abord recouverts d'une couche de coton sur laquelle s'appliquent ensuite les gaines de caoutchouc.

Epaisseur de la gaine de caoutchouc. — L'épaisseur totale des gaines de caoutchouc doit être d'au moins 30 % supérieure à l'épaisseur indiquée dans la colonne 5 du tableau final. On tiendra compte, en outre, dans le choix de cette épaisseur, des tensions auxquelles les fils seront soumis en service.

Inflammabilité. — Un fragment de conducteur de 5 cm plongé perpendiculairement dans un bain métallique à 210° C ne doit pas s'enflammer au point d'immersion dans le bain par le passage au travers de la flamme d'un chalumeau à gaz d'éclairage.

Essai d'enroulement. — Les couches isolantes et la tresse doivent résister aux efforts mécaniques qui se produisent lors du montage et du nettoyage des fils et pouvoir subir l'essai suivant : le fil isolé étant enroulé en spirale sur un cylindre d'un diamètre égal à trois fois celui du fil, mesuré sur l'enveloppe isolante, il ne doit se produire ni rupture, ni fissure de la tresse, ni écaillement de la substance imprégnante.

Essai de résistance à la tension. — La spirale obtenue dans l'essai précédent sera plongée pendant 24 heures dans de l'eau à environ 15° C et ensuite soumise, à cette température, entre le conducteur et l'eau, pendant une demi-heure, à une tension alternative efficace correspondant à la valeur indiquée dans le tableau ci-dessous. L'enveloppe isolante ne devra pas être perforée par cet essai :

TENSION DE SERVICE	TENSION D'ESSAI
Jusqu'à 1.000 volts	2.000 volts
— 2.000 —	4.000 —
— 3.000 —	6.000 —
— 4.000 —	8.000 —
— 5.000 —	9.000 —
— 6.000 —	10.000 —
— 7.000 —	12.000 —
— 8.000 —	13.000 —
— 10.000 —	et au-dessus, 1,5 fois la tension de service.

* * *

Les fils, en câbles isolés au caoutchouc vulcanisé, s'altèrent très peu à l'air, mais ils ne peuvent être employés sous l'eau à de grandes profondeurs, car, ainsi que nous l'avons vu, le caoutchouc absorbe sous pression jusqu'à 25 % d'eau.

Pour la raison ci-dessus, les câbles immergés dans l'eau sont généralement isolés à l'aide d'une autre gomme, la *gutta-percha*, qui jouit d'une imperméabilité exceptionnelle. La plupart des câbles télégraphiques sous-marins utilisent ce diélectrique.

II. — GUTTA-PERCHA

D'une façon générale, sous le terme de gutta-percha, on comprend des substances de composition assez variable, qui, ainsi que le caoutchouc, sont des produits d'exsudation de certains végétaux.

Le latex à gutta est fourni par des arbres ou des arbustes rentrant dans la famille des sapotacées, genre dichopsis, dont les principales espèces guttifères sont celles des palaguium, des payena, des achras et des hassia.

Toutefois la gutta-percha n'est pas, comme le caoutchouc, formée de gomme proprement dite, faisant partie des corps hydrocarburés, avec une certaine quantité de résine, laquelle est un composé oxygéné.

Le rapport entre ces deux constituants peut varier beaucoup et influer sur les qualités du produit. Il y a des guttas qui renferment autant de gomme que de résine ; certaines d'entre elles en contiennent 2 ou 3 fois et jusque 6 fois plus. On trouve donc, dans le commerce, des produits plus ou moins tendres, mous et même collants, d'autres qui ont un certain nerf, d'autres qui sont durs, secs et parfois friables.

Les propriétés de la gutta diffèrent sensiblement de celles du caoutchouc.

A l'état de pureté, cette substance n'a pas de couleur ; elle est même translucide sous une faible épaisseur. La gutta du commerce, fraîchement coupée, présente à l'intérieur une nuance plus claire qu'à la surface ; cette teinte est blanche, ou, comme pour la couche superficielle, légèrement colorée en jaune ou rose par des substances étrangères.

Le poids spécifique de la gutta est compris entre 1,010 et 1,020 ; c'est donc une matière passablement plus dense que le caoutchouc.

Bien qu'offrant encore un toucher assez moëlleux, la gutta-percha possède une texture plus serrée et plus rigide que le caoutchouc. On lui reconnaît, cependant, un certain degré de souplesse et d'élasticité. Elle est très tenace et peut supporter, sans se briser, une extension allant jusqu'à 50 et 60 % de sa longueur.

La gutta se laisse déjà façonner à froid ; mais sa malléabilité augmente avec la température. Elle se ramollit vers 37° C et fond entre 90° et 100° C. On peut alors la mouler à volonté ; elle garde, ensuite, la forme qu'on lui a donnée, le refroidissement s'opérant plus ou moins vite suivant sa composition. Si l'on continue à élever la température, la gutta se résinifie peu à peu par absorption d'oxygène et, finalement, devient cassante.

De même que le caoutchouc, la gutta-percha est assez sensible aux agents atmosphériques et s'altère assez rapidement sous leur influence. Elle est, toutefois, complètement imperméable à l'eau. Les huiles minérales légères ne peuvent la dissoudre que lorsqu'elle est mélangée avec du caoutchouc.

Au point de vue chimique, la gutta se distingue non moins nettement de ce dernier.

Mieux que lui, elle résiste à l'action de beaucoup de composés, notamment des alcalis et des acides dilués. D'autre part, elle ne se combine pas chimiquement avec le soufre ; il ne peut donc pas être question, ici, de vulcanisation ; il s'ensuit qu'on ne doit mélanger la gutta avec le caoutchouc qu'en faible proportion, sous peine de ne pas réussir cette opération.

Une des propriétés les plus importantes de la gutta-percha, et celle qui nous intéresse particulièrement, est sa très mauvaise conductibilité électrique, d'où son emploi comme corps isolant par excellence. Sa résistance diélectrique spécifique atteint, pour certaines qualités, jusqu'à 3.000 mégohms-centimètre.

Fabrication. — Avant l'emploi, on fait subir à la gutta-percha l'épuration mécanique suivante.

Les pains sont réduits en copeaux à l'aide d'un plateau armé de dents, analogue à un coupe-racines. Les fragments tombent dans une cuve d'eau chauffée à la vapeur, où la gutta-percha, remuée par un agitateur, se ramollit, surnage, et laisse déposer les matières plus denses que l'eau dont elle est souillée. On répète parfois ce traitement en découpant la gutta-percha en morceaux plus ténus au moyen d'un cylindre denté et en effectuant une nouvelle séparation dans l'eau tiède.

La gomme ramollie par la chaleur est alors passée à diverses reprises dans un filtre-presse, consistant en un cylindre, à enveloppe de vapeur, dont le fond, percé de trous, est muni intérieurement de toiles métalliques à mailles de plus en plus fines. Un piston force la gutta-percha à traverser ce filtre et à se débarrasser ainsi de ses dernières impuretés, qui restent, avec un peu de gomme, sur les toiles. On fait repasser la gutta-percha jusqu'à ce que la pâte, étirée entre les doigts sous forme de lame mince et regardée par transparence, ne présente plus de grains d'impuretés.

Le produit purifié est ensuite travaillé dans un laminoir dont les cylindres sont chauffés intérieurement à la vapeur. Le passage au laminoir donne de l'homogénéité à la pâte et expulse les bulles d'air ainsi que l'humidité qu'elle contient.

La gutta est enfin remisée dans des caves, où elle durcit. Au moment de l'utiliser, on la fait passer dans un masticateur, afin de lui rendre sa souplesse. L'appareil consiste en une cuve de fonte, chauffée à la vapeur, dans laquelle tournent deux cylindres de laminoir cannelés, qui pétrissent la matière.

La gutta-percha de bonne qualité, traitée par le chloroforme pur bouillant, ne doit pas donner, sur le filtre, un résidu supérieur à 2 % de son poids. Traitée par l'alcool absolu bouillant, elle doit laisser, sur le filtre, un résidu d'au moins 57 % de son poids. Desséchée à 110º C dans un courant d'acide carbonique, elle ne perd pas plus de 5 % de son poids. Soumise à la chaleur d'une lampe à alcool, elle se ramollit sans se boursoufler.

La gutta-percha n'adhère pas au cuivre. On est obligé d'interposer, entre le conducteur et la gomme, un ciment appelé composition *chatterton* et qui contient, en poids, 3 parties de gutta-percha, 1 partie de résine et 1 partie de goudron de bois. Cette application se fait au moment où le conducteur pénètre dans la filière destinée à former le revêtement isolant, dans la fabrication des câbles.

Cette très importante question étant traitée d'une façon complète dans d'autres fascicules de cette Encyclopédie, nous n'en parlerons pas [1].

III.— LA PARAFFINE ET LES ISOLANTS A BASE DE PARAFFINE

Paraffine. — On désigne sous le nom de *paraffine* une substance blanche dont le point de fusion est assez variable, de 45º à 90º, et que l'on a été amené à considérer comme un mélange en proportions diverses de plusieurs carbures d'hydrogène, appartenant à la famille des carbures saturés. Ce sont des corps très stables, sur lesquels les réactifs ont peu d'action, ce qui leur a fait donner leur nom *(parum affinis)*.

Fabrication. — On retire la *paraffine* soit d'une matière naturelle, l'*ozokérite*, soit des goudrons que l'on obtient dans la distillation de

---

(1) Voir fascicules Nᵒˢ 24 et 25 : *Câbles, construction* et *Câbles, pose et essais.*

la houille, du pétrole ou de certains schistes que l'on traite surtout pour en retirer cette matière.

Si l'on part de l'ozokérite, on broie cette dernière et on la traite par des huiles dont nous verrons tout à l'heure l'origine, de façon à la séparer des matières terreuses qui l'accompagnent ; la dissolution obtenue est souvent décolorée par le noir animal, puis soumise à la distillation, ce qui donne des huiles légères, que l'on recueille à part, puis des huiles très riches en paraffine et des huiles destinées au graissage. Par refroidissement, la *paraffine* se dépose, et on la sépare des liquides qui l'imprègnent par un essorage. Les huiles les plus légères servent ensuite soit à traiter une nouvelle quantité d'ozokérite, soit pour l'éclairage.

Si, au contraire, on utilise le pétrole pour en extraire la *paraffine*, on recueille à part, dans la distillation du naphte brut, certaines huiles à point d'ébullition élevé, qui, par refroidissement, laissent déposer de la paraffine ; on les lave ensuite, successivement, à l'eau alcaline, à l'acide étendu et à l'eau, puis on essore le produit obtenu ([1]).

Propriétés. — La *paraffine* présente une résistance à l'isolement très élevée, mais elle est cassante, sujette à se fissurer et à permettre à l'humidité de venir en contact avec les conducteurs qu'elle recouvre. Pour atténuer ce défaut, on l'associe à des isolants peu coûteux, tels que le jute et le papier, dont on garnit les conducteurs et qu'on imprègne de paraffine à chaud, de manière à chasser l'humidité contenue dans ces matières et à accroître leur pouvoir isolant.

Le tout est ensuite revêtu d'une garniture imperméable, tel qu'un tube de plomb, destiné à empêcher le retour de l'humidité dans les gerçures qui se forment à la longue dans l'enduit.

On utilise aussi parfois la *paraffine* pour enduire des récipients en verre (isoloirs, bouteilles de Leyde, etc.), ce corps étant hygroscopique et l'humidité se déposant facilement contre les parois des vases ou tubes en verre.

La résistivité de la paraffine est de 3.900 millions de mégohms-centimètre.

([1]) Il y a lieu de remarquer que le traitement du pétrole russe ne fournit pas de paraffine, mais bien des huiles lourdes (oléonaphtes), qui constituent des lubrifiants remarquables. Ces huiles sont, en outre, d'excellents isolants, particulièrement dans l'application aux interrupteurs à huile, transformateurs, etc., soumis à des tensions très élevées (voir Chapitre XIV, *Isolants liquides*).

Ozokérite et Cérésine. — L'*ozokérite* ou cire fossile est une matière que l'on trouve dans plusieurs pays : les Carpathes, la Moldavie, le Caucase, l'Utah, etc.

Elle se présente en masse irrégulière paraissant formée de couches contournées et d'apparence fibreuse. On lui attribue une origine analogue à celle des bitumes.

Sa couleur varie du jaune au brun et au vert, les variétés brunes sont quelquefois vertes par transparence ; opaque en masse, elle est translucide en lames minces ; son odeur rappelle celle du pétrole.

Ce corps, qui est mauvais conducteur de l'électricité, n'est qu'un mélange de plusieurs corps distincts : ce sont des hydrocarbures saturés et des carbures benzéniques : benzine, paraffine, etc. Cette dernière substance constitue souvent, à elle seule, la moitié du poids de l'ozokérite. On peut séparer ces corps les uns des autres par distillation fractionnée, mais on préfère opérer d'une autre manière.

En faisant fondre l'*ozokérite* brute, les matières solides qui la souillent se précipitent ; on décante le liquide, on le dissout dans de la benzine, et on filtre cette dissolution sur le noir animal. On presse ensuite à chaud ; le tourteau est une première *cérésine* ou cire minérale. Le liquide exprimé est pressé ensuite à une température plus basse, et donne un deuxième tourteau qui est une deuxième cérésine, et ainsi de suite. La cérésine est plus blanche que la cire d'abeille et elle est fréquemment employée comme isolant dans les appareils électriques.

L'*ozokérite* a l'avantage de ne pas se fendiller comme la paraffine pure. On combine cette matière avec du goudron pour enduire des rubans isolants de qualité inférieure.

CHAPITRE XIII

Isolants divers (Solides)

Indépendamment des très nombreuses préparations que nous avons décrites et qui, plus ou moins, peuvent être classées d'après un des composants dominant, il existe un assez grand nombre d'isolants dont, pour la plupart, les fabricants n'ont pas tenu à faire connaître la composition. Nous parlerons rapidement de quelques-uns d'entre eux.

I. — SUCCÉDANÉS DU CAOUTCHOUC ET DE SES DÉRIVÉS

Nous avons eu déjà l'occasion de dire que par suite du prix élevé du caoutchouc, de nombreuses tentatives ont été faites, soit en recherchant des succédanés, soit en substituant aux dérivés du caoutchouc, notamment à l'ébonite, des isolants sans caoutchouc.

Caoutchouc artificiel. — Plusieurs procédés ont été recommandés :
En faisant passer des vapeurs de térébenthine à travers des tubes chauffés au rouge blanc, on a l'isoprène générateur du caoutchouc, mais la térébenthine coûte cher. Le Dr A. Pleinemann chauffant jusqu'à la température du rouge sombre un mélange d'acétylène et d'éthyles, forme un nouveau corps qui, sous l'action du chlorure de méthyle, se transforme en isoprène.

Mais de même que les fabriques d'Elberfeld n'ont pu développer leur procédé jusqu'à pouvoir l'employer dans l'industrie, le nouveau procédé n'est pas encore mis au point ; pourtant, l'emploi de l'acé-tylène est plus justifié comme point de départ pour la fabrication du *caoutchouc artificiel* que celui de la térébenthine.

Comme succédané du caoutchouc, l'asphalte fait en ce moment l'objet d'études très intéressantes : en chauffant un mélange d'huile de lin et d'asphalte de la Trinité, on obtient une matière visqueuse, que l'on traite par l'acide azotique ; après avoir évaporé ce dernier la masse est chauffée avec de l'eau ou une solution alcaline, elle se transforme en caoutchouc artificiel se distinguant à peine du produit naturel.

Stabilite. — Parmi les substances destinées à remplacer l'ébonite, mais ne contenant pas de caoutchouc, il faut signaler notamment la *stabilite* utilisée, en électrotechnique, dans un grand nombre d'applications.

La *stabilite* résiste, sous 1 mm d'épaisseur, à une tension de 10 à 15.000 v ; sa résistance à la traction est de $2^k,8$ par millimètre carré. Elle se tourne, se lime, se perce, se coupe et se filète avec la même facilité que l'ébonite, mais il convient d'observer, dans son usage et dans son travail, certaines indications, notamment en ce qui concerne la dureté des outils et leur mordant, la *stabilite* usant passablement ceux-ci.

Cependant le travail, à l'outil, de la *stabilite* n'est à recommander que lorsqu'il s'agit d'un petit nombre de pièces. Pour de grandes quantités, il vaut mieux les obtenir directement par moulage. Pour ce qui est des dimensions des pièces moulées, il faut tenir compte du retrait des pièces lors de la vulcanisation.

La *stabilite* est fabriquée par l'A. E. G.

Asolite. — Bon pouvoir isolant, grande résistance mécanique, non hygroscopique, supportant des températures de 80°, telles sont les qualités de cette matière.

Tension de rupture : 17.000 v pour une épaisseur de $5^{mm},5$, soit 3.100 v par millimètre.

L'*asolite* se moule, et l'on en peut faire soit des poignées d'interrupteurs, des boîtes, des supports de bobines, etc., soit des pièces isolantes dans lesquelles des parties métalliques ont été moulées. Elle peut être également livrée en planches de 1 m² sous des épaisseurs allant de 3 à 80 mm.

L'*asolite* se travaille très facilement. Fabriquée par les Isolawerken à Oerlikon (Suisse).

Termite. — La même usine livre une autre substance, la *Termite*, qui trouve surtout son emploi dans tous les cas où une incombustibilité absolue est nécessaire. Sa résistance mécanique est très grande, mais son pouvoir isolant est minime.

Galalithe. — Plusieurs substances isolantes sont à base de caséine ; parmi celles-ci, la *galalithe* est intéressante dans les cas où l'on n'a pas besoin d'un très grand isolement ou d'une très bonne résistance à l'humidité.

Propriétés. — La *galalithe* ressemble beaucoup à la corne, et se travaille de la même façon. Si elle est bien pure, elle n'a aucune odeur. En la colorant, on peut très bien imiter les diverses sortes de marbres.

Bien que se ramollissant dans l'eau chaude entre 80° et 100°, la *galalithe* est ininflammable.

Résultats d'essais. — A sec, sa tension de rupture est assez élevée ; 17.000 v pendant 2 minutes permettent à l'étincelle de traverser une épaisseur de 5 mm ; pour $5^{mm},3$, il faut monter la tension à 22.500 v pendant 2 minutes (3.400 à 4.250 v par millimètre d'épaisseur).

Par contre, la *galalithe* étant assez hygrométrique, une plaque de 5 mm d'épaisseur, immergée préalablement pendant 24 heures dans l'eau, est percée à 13.500 v en 15 secondes.

Il y a lieu d'ajouter que cet isolant est inattaquable par les graisses, les huiles, la benzine et les alcalis.

Okonite. — L'*Okonite* est un mélange de chaux (38 %) et d'hydrocarbures naturels (62 %) additionné de silice.

Résistivité : 630 millions de mégohms-centimètres ; tension de percussion pour 1 mm d'épaisseur : 1.700 v.

Pécite. — La pécite est un mélange de poix grecque (2/3) avec du plâtre calciné (1/3). Cette substance est moulable à chaud et aisément façonnable à froid.

Pour terminer, nous mentionnerons quelques produits de la Maison H. Weidmann, à Rapperswyl (Suisse), qui fabrique également plusieurs presspahn d'excellente qualité :

Cornite. — Cette substance, qui ne contient pas de caoutchouc et résiste bien à l'huile, peut être moulée avec incorporation de pièces métalliques.

La *cornite* n'est pas hygroscopique, elle a une grande résistance mécanique et se travaille bien.

Les qualités moyennes résistent bien à une température de 250°.

Tension de rupture : 25.000 v sous 4 mm d'épaisseur, soit 6.250 v par millimètre.

Vitrite. — Analogue à la *cornite*, ce produit est surtout employé dans les cas où l'ininflammabilité est exigée ; mais son isolement n'est pas très élevé.

La vitrite est livrée en planches, disques et tubes.

II. — SOIE, JUTE, COTON, PAPIERS

Parmi les substances les plus employées dans l'isolation des machines et appareils électriques, il faut citer naturellement les substances qui servent à recouvrir les conducteurs des enroulements et certaines pièces devant recevoir ceux-ci, mais malgré les qualités propres de chacune de ces substances, c'est surtout par la faculté qu'elles possèdent d'absorber et de retenir une quantité plus ou moins considérable d'un vernis isolant qu'elles sont importantes et c'est sous cette forme que nous donnerons quelques résultats d'expériences.

Jute. — Le *jute*, qui est le textile fourni par le Phormium tenax, est la substance la plus usitée dans la fabrication des câbles pour courants intenses.

La corde de cuivre, pourvue de son guipage de jute, est introduite dans une étuve, où l'on extrait l'humidité du revêtement par l'effet combiné d'une température de 110° C et du vide. On immerge alors le câble dans une composition de résine et d'huile chauffée et on le recouvre d'un tube de plomb. Celui-ci s'obtient à l'aide d'une filière circulaire où le plomb est refoulé, par des pistons hydrauliques, à une température de 180° C environ, à laquelle le métal a une consistance pâteuse et se moule dans l'ouverture, qui a précisément la forme du tube. Le plomb est immédiatement refroidi à la sortie de la filière pour ne pas altérer l'isolant.

Le coton. — Tant sous forme de tissus (toile) pour recouvrir les parties métalliques destinées à recevoir les enroulements, que sous forme de guipage pour les fils de ceux-ci, le coton est excessivement employé en électrotechnique.

Voici quelques *résultats d'essais* de toiles imprégnées de vernis divers :

1° *Toile imprégnée de vernis « Excelsior » de la Maison Meirowsky et Cie, à Cologne :*

ÉPAISSEUR EN MILLIMÈTRES	TENSION DE RUPTURE en volts	TENSION DE RUPTURE l'épaisseur étant ramenée à 1 millimètre
0,10	3.000	30.000
0,15	5.500	37.000
0,24	10.000	41.600
0,30	10.000	41.600

2° *Toile imprégnée de vernis de la Pittsburgh Insulating C^o :*

ÉPAISSEUR EN MILLIMÈTRES	TENSION DE RUPTURE en volts	TENSION DE RUPTURE l'épaisseur étant ramenée à 1 millimètre
Avec vernis A 0,15.	5.000	33.350
— B 0,25	13.000	52.000
— C 0,39.	18.000	46.000

3° *Mousseline blanche imprégnée de vernis de la Standard Varnish C^o :*

ÉPAISSEUR EN MILLIMÈTRES	TENSION DE RUPTURE en volts	TENSION DE RUPTURE l'épaisseur étant ramenée à 1 millimètre
Insulating Varnish 0,26. . . .	7.300	28.100
Quick Drying 0,23. . . .	6.600	28.700
Spécial Cloth 0,16. . . .	5.300	33.150
Vernis Volta 0,24. . . .	8.000	33.350
0,20. . . .	5.400	27.000

Soie. — La *soie* est surtout utilisée dans le guipage des fils de petits diamètres, devant servir à des appareils soignés ; son principal avantage est d'avoir une épaisseur beaucoup moindre, par conséquent de prendre notablement moins de place que lors des isolations au coton.

Résultats d'essais.

Soie imprégnée de vernis « Excelsior » de la Maison Meirowsky et Cie, à Cologne :

ÉPAISSEUR EN MILLIMÈTRES	TENSION DE RUPTURE en volts	TENSION DE RUPTURE l'épaisseur étant ramenée à 1 millimètre
0,10	2.500	25.000
0,14	6.500	46.450

Papiers. — Comme point de comparaison nous donnerons quelques résultats d'essais de papiers imprégnés des mêmes vernis que ci-dessus. Les résultats sont naturellement supérieurs à ceux obtenus avec la toile et avec la soie ; cela s'explique par la contexture plus serrée du papier.

1º *Papier imprégné de vernis « Excelsior » de la Maison Meirowsky et Cie, à Cologne :*

ÉPAISSEUR EN MILLIMÈTRES	TENSION DE RUPTURE en volts	TENSION DE RUPTURE l'épaisseur étant ramenée à 1 millimètre
0,08	3.000	37.400
0,10	6.500	65.000
0,15	6.500	43.000
0,20	10.000	50.000
0,22—0,24	10.000	45.000—41.500

2º *Papier imprégné de vernis de la Pittsburgh Insulating Cⁿ :*

ÉPAISSEUR EN MILLIMÈTRES	TENSION DE RUPTURE en volts	TENSION DE RUPTURE l'épaisseur étant ramenée à 1 millimèt.
Avec vernis A. . . .	0,15	8.000	47.000
— B. . . .	0,24	14.000	58.000
— C. . . .	0,32	20.000	62.500

3º *Papier blanc imprégné de vernis de la Standard Varnish Cⁿ :*

ÉPAISSEUR EN MILLIMÈTRES	TENSION DE RUPTURE en volts	TENSION DE RUPTURE l'épaisseur étant ramenée à 1 millimèt.
Insulating Varnish. .	0,14	5.800	41.400
Quick Drying	0,12	4.300	35.800
Vernis Volta.	0,13	5.160	39.000

CHAPITRE XIV

Isolants liquides

Les isolants liquides sont excessivement nombreux, et comme chaque fabricant assure posséder le meilleur, il est assez difficile, parfois, de juger, d'une façon certaine, des qualités isolantes d'un vernis, si ce n'est par comparaison.

Toutefois, malgré la multiplicité des produits, tous les isolants liquides peuvent être divisés en un certain nombre de classes suivant les substances entrant dans leur composition.

D'une façon générale, on a toujours affaire à des dissolutions, dans l'alcool ou dans la benzine, de la plupart des isolants utilisés également à l'état solide, et qui ont été décrits sous cette forme.

On a ainsi :

Les isolants à base de caoutchouc.
—   —   gomme laque.
—   —   d'asphalte.
—   —   résines
—   —   cires.
—   —   d'huiles.

Nous étudierons les avantages et les inconvénients de chacune de ces grandes classes, car il serait matériellement impossible d'examiner séparément tous les produits actuellement dans le commerce. Nous aurons ensuite à parler, comme isolants liquides, des huiles, du pétrole et de la glycérine.

Toutes ces substances, sauf les huiles, le pétrole et la glycérine, sont utilisées sous forme de vernis, pour imprégner le coton recouvrant les fils conducteurs, les papiers, cartons ou toiles servant à l'isolation des machines ou appareils électriques.

Il convient donc, d'une manière générale, qu'elles soient employées en solutions suffisamment liquides pour imbiber, pénétrer fortement les toiles ou papiers et, d'autre part, il est indispensable que par simple évaporation ou par oxydation de certaines de leurs parties, tous ces vernis sèchent rapidement.

Si cette condition n'est pas remplie, indépendamment des inconvénients résultant de l'eau qui reste dans le liquide, il est à craindre, dans les machines rotatives, que le vernis isolant ne soit *essoré*, projeté en dehors par la force centrifuge et qu'il n'en reste plus que des quantités insuffisantes.

Vernis à base de caoutchouc. — Vu les propriétés spéciales et précieuses du caoutchouc comme isolant, il était tout indiqué de l'utiliser, en dissolution, comme vernis.

Cette substance possède en effet des qualités nombreuses, parmi lesquelles sa flexibilité, son élasticité sont à signaler en première ligne.

Dans l'isolation des fils et des câbles, il a rendu et il rend encore des services inappréciables.

Quant à sa rigidité électrostatique, elle est suffisamment élevée pour faire du caoutchouc un de nos bons isolants.

Tous ces avantages font que l'on peut considérer, d'une manière générale, un vernis à base de caoutchouc comme un utile auxiliaire dans l'isolation des machines ou appareils.

Malheureusement, vu la consommation énorme faite par l'industrie automobile, le caoutchouc pur a atteint des prix tels que l'on ne livre, la plupart du temps, sous ce nom, que des produits équivoques contenant les substances les plus hétéroclites en grandes quantités, mais, du caoutchouc, peu ou point. Il y a donc toujours une certaine inquiétude à avoir au sujet de la composition des vernis devant contenir ce produit et il faut surtout se méfier du bon marché !... qui risque de revenir fort cher.

Les objets à imprégner doivent être chauffés d'abord pour faire évaporer toute humidité. Ils sont alors plongés, étant encore chauds, dans le vernis ou frottés avec ce dernier au moyen d'une brosse un peu rude.

Les objets trempés doivent être égouttés avant d'être mis dans la bouilloire où il conviendra de les placer de façon à ce que le côté imbibé ne puisse toucher ni les parois ni les supports ni les autres objets à sécher.

Une excellente précaution, dans l'usage de ces vernis, est de recouvrir les parties à isoler, non pas d'une unique et épaisse couche, mais au contraire de plusieurs couches, légères, et de ne redonner un nouvel enduit que lorsque le vernissage précédent est tout à fait sec.

Il est avantageux par conséquent de ne pas choisir des vernis trop épais, ainsi que nous l'avons déjà dit ; une densité d'environ 850 semble très favorable.

Une fois l'objet séché, à l'air libre, le mettre dans la bouilloire afin de l'étuver complètement.

En procédant ainsi, on s'évite bien des mécomptes et l'on peut être assuré d'une bienfacture parfaite.

Vernis à base de gomme laque. — Les vernis à la gomme laque ont longtemps joui, et jouissent encore dans l'industrie électrique, d'une réputation justifiée, grâce à certaines propriétés.

En effet, après étuvage dans la bouilloire, la gomme laque adhère fortement aux fils ou papiers qu'elle recouvre, forme un enduit consistant, colle, de façon à ne plus former qu'un bloc, les parties vernies.

Cela est surtout précieux dans certains enroulements à torche très saillante, dont les nombreux fils ont besoin d'être solidaires pour résister à la force centrifuge.

La rigidité électrostatique est d'autre part très élevée, ce qui explique la faveur des vernis à la gomme laque.

Il faut ajouter encore que, d'une manière générale, ils sèchent plus vite que plusieurs vernis au caoutchouc et surtout à base d'huile, dans lesquels certains phénomènes d'oxydation doivent se passer indépendamment de l'évaporation du dissolvant : alcool ou benzine.

Par contre, vu la rareté relative de la matière première, les vernis à la gomme laque sont chers (environ le double du prix de ceux à base d'huile ou de cire) et il n'est pas rare de les payer entre 5 et 6 francs le kilogramme.

Malgré cela, vu les qualités précitées, il en est fait, chaque année, une très grande consommation.

Il convient toutefois, pour être complet, de signaler en quelque sorte le défaut de la qualité première de la gomme laque, l'envers :

Si, dans un enroulement, vernis avec ce produit et soigneusement étuvés, les fils sont fortement collés les uns aux autres de façon à ne former qu'une masse compacte, ainsi que nous l'avons dit, d'autre part, il arrive parfois, lors d'une réparation, par exemple, que l'isolation des fils que l'on désire retirer est tellement adhérente au vernis que cette isolation y reste collée et que le fil de cuivre nu seul se détache.

On peut, il est vrai, pallier à cet inconvénient en chauffant la partie intéressée de façon à ramollir la gomme laque et éviter, en partie du moins, la déchirure de l'isolant.

Mais, malgré cela, les vernis à la gomme laque sont parmi ceux qui rendent le plus de services, si l'on prend certaines précautions dans leur emploi.

Vernis à base d'asphalte. — On a utilisé, pendant un certain nombre d'années, dans l'industrie électrique, des vernis à base d'asphalte vendus la plupart du temps sous le nom de « vernis noir ».

Ce produit a suivi les phases diverses de faveur ou de défaveur de l'asphalte, et son emploi est, aujourd'hui, très limité. Il était utilisé notamment pour le vernissage des enroulements inducteurs, mais on a trouvé, non sans quelque apparence de raison sans doute, que l'aspect d'une machine semblablement vernie était par trop sombre, trop deuil, et d'autres produits ont prévalu.

Vernis à base de résines. — Nous avons, dans le *Chapitre IX*, parlé des *résines* et décrit un certain nombre d'entre elles. Nous avons également étudié plusieurs substances isolantes solides, ayant comme base des résines, et nous avons reconnu que quelques-unes étaient réellement intéressantes.

Il était donc tout indiqué de chercher à utiliser les qualités isolantes des résines en les employant en dissolution sous forme de vernis.

Il est certain que ces différents vernis participent des qualités des résines composantes, et ce que nous avons dit de celles-ci à l'état nature s'applique également à leurs dissolutions.

Comme beaucoup de vernis isolants sont vendus sous un nom commercial ne renseignant en aucune manière sur leur composition, il convient d'être très circonspects et de soumettre les vernis offerts à un certain nombre d'épreuves.

Il y a tout d'abord lieu de remarquer que ce n'est pas à l'état liquide, mais bien séchés, de préférence dans les conditions dans lesquelles il doit être utilisé, qu'un vernis doit être essayé quant à ses qualités isolantes.

Essai des vernis. — Le mieux est de plonger, dans le liquide isolant à essayer, un fil de cuivre guipé de coton et de le sécher à l'air extérieur.

Si le vernis est composé de substances oxydantes, s'il contient de l'eau ou est capable d'en absorber, des taches de vert-de-gris ne tardent pas à paraître et renseigner sur la non-utilisation de ce vernis.

Si l'isolant se comporte bien lors de cet essai, on peut lui faire subir d'autres épreuves.

Le fil recouvert de vernis étant parfaitement sec, on l'enroulera autour d'une tige métallique de 10 mm de diamètre et aucune craquelure ne devra apparaître dans l'isolant. On pourra alors faire un essai de tension entre la tige métallique et le fil de cuivre en montant peu à peu le voltage. La tension de percussion renseignera sur la valeur du vernis.

Vernis à base d'huile. — Toutes les huiles, d'après les recherches de M. Clœz, absorbent de l'oxygène en proportions variables, suivant leur nature, les corps en présence, l'intensité et la nature de la lumière.

En même temps qu'elles subissent ces phénomènes d'oxydation, plusieurs huiles végétales perdent peu à peu leur liquidité et finissent même par se solidifier. Elles se transforment en substances de la nature des résines, et cette résinification est accompagnée d'une perte de carbone et d'hydrogène et d'une augmentation d'oxygène. C'est la plupart du temps cette propriété qui est utilisée pour les vernis isolants à base d'huile.

Les huiles qui éprouvent la résinification sont appelées *huiles siccatives* : telles sont les huiles de lin, de noix, d'œillette, de chènevis, de ricin, de croton, de sapin, de pin, de raisin, de poisson, etc.

La siccativité des huiles peut être augmentée par l'ébullition en présence d'oxydes métalliques, litharge, bioxyde de manganèse, etc. (7 à 8 % de litharge en poudre fine pour l'huile de lin).

C'est à l'absorption de l'oxygène par les huiles, au dégagement de chaleur dont elle est accompagnée, que sont dues ces transformations des huiles en substances résinifères.

Comme on le verra dans la description de quelques vernis isolants,

on reproche parfois aux vernis à base d'huile d'avoir, par leur trans-
formation, une action oxydante sur les métaux que l'on doit protéger
(fils de cuivre notamment).

* * *

Vernis Sterling et Standard de la Sterling Varnish C°, Pittsburg. —
La plupart de ceux qui s'occupent d'industrie électrique ont employé
ou emploient ces vernis qui jouissent d'une certaine vogue.

Bien que les fabricants fournissent plusieurs vernis différant quelque
peu suivant les applications que l'on en veut faire, tous ces produits
Sterling sont à base d'huile de lin, avec de la térébenthine et un peu
de résine.

On leur a parfois reproché de provoquer, surtout si l'on ne prend pas
certaines précautions lors de leur emploi, le vert-de-gris par suite de
l'huile de lin qu'ils contiennent.

Nous pouvons ajouter que l'*Insulating Varnish* de la *Sterling
Varnish C°*, de New-York et Londres, est analogue aux précédents.

Voici quelques résultats d'essais de ces vernis séchés après en avoir
imprégné diverses substances :

1° *Vernis de la Standard Varnish C°* :

MOUSSELINE BLANCHIE imprégnée de vernis	ÉPAISSEUR en millimètres	TENSION DE RUPTURE en volts
Insulating Varnish.	0,26	7300
Quick Varnish	0,23	6600
Spécial Cloth.	0,16	5300
Vernis Volta.	0,24	8000
	0,30	5400

2° *Vernis de la Pittsburgh Insulating C°* :

TOILE imprégnée de vernis	ÉPAISSEURS en millimètres	TENSION DE RUPTURE en volts
Vernis A.	0,15	5.000
— B.	0,25	13.000
— C	0,39	18.000

* * *

Vernis « Excelsior » de MM. Meirowsky et Cie*, à Cologne.* — Les vernis *Excelsior* se font en six qualités différentes suivant les applications que l'on en veut faire.

D'après le fabricant, ils ne contiennent pas d'huile de lin, laissent aux tissus imprégnés toute leur souplesse, sont inattaquables par les agents atmosphériques, la chaleur, l'huile chaude, etc.

Nous avons, au commencement de ce chapitre, donné quelques renseignements sur la manière dont il faut s'y prendre pour procéder au vernissage des pièces à isoler, et nous avons signalé l'importance qu'il y a à ne pas utiliser un vernis trop épais.

La Maison Meirowsky et Cie indique comme consistance de ses vernis 830 gr. par litre, et conseille d'ajouter de la benzine pour les amener à la consistance voulue.

Si le vernis est trop épais, ajouter un peu d'huile de térébenthine américaine.

Par ce procédé, on doit obtenir, au premier trempage d'un papier ou d'un tissu, une couche uniforme de vernis, dont la tension de rupture est d'environ 6.000 v.

Voici d'ailleurs les résultats d'essais d'un certain nombre de produits de la Maison Meirowsky :

ISOLANT	NUMÉROS	ÉPAISSEUR en millimètres	TENSION DE RUPTURE en volts
Toile Excelsior . . .	00	0,10	3.000
	0	0,15	5.500
	3	0,24	10.000
	4	0,30	10.000
	5	0,35	10.000
Soie Excelsoir. . . .	1	0,10	2.500
	2	0,14	6.500
Papier Excelsior. . .	0	0,08	3.000
	1	0,10	6.500
	2	0,15	6.500
	3	0,20	10.000
	4	0,22-0,24	10.000
Presspahn . . . . . Excelsior.	21	0,15	5.500
	22	0,25	5.500
	23	0,35	5.500
	24	0,22	10.000
	25	0,30	10.000
	26	0,40	10.000

* * *

Vernis isolants de MM. Knauth et Weidinger, à Dresde. — Plusieurs produits sont livrés par cette Maison, notamment un vernis jaune pour haute tension, pouvant s'appliquer sur papier, sur toile, sur press-pahn, etc.

Ce vernis peut sécher au four en deux heures, à 80 ou 100° ; il est peu sensible à l'humidité.

MM. Knauth et Weidinger fabriquent également un vernis noir isolant qui sèche aussi en deux heures à la température de 80 ou 90°.

Il semble superflu d'insister sur l'importance qu'il y a pour une pièce vernie à ne l'essayer ou utiliser que complètement séchée ; nous croyons cependant intéressant de donner quelques chiffres relatifs à un vernis isolant à différents degrés de séchage.

DURÉE du séchage à l'air	TENSION de rupture en volts Épaisseur de la couche, 1,5 millim.
12 heures	8.200
24 —	13.000
36 —	16.000
48 —	17.000

Il est certain que plus l'épaisseur de vernis est considérable, plus la différence s'accentuera de la tension de rupture au bout de quelques heures ou après séchage complet.

Pour une épaisseur de 1^{mm},5, la valeur isolante est deux fois plus grande après 48 heures qu'après 12 heures ; mais les résultats sont tout autres avec une épaisseur de vernis très minime, 0^{mm},2, par exemple :

DURÉE du séchage à l'air	TENSION de rupture en volts Épaisseur de la couche, 0,2 millim.
12 heures	7.200
24 —	7.600
36 —	7.600
48 —	8.500

Le séchage a, naturellement, été beaucoup plus rapide, et la différence est moins grande avec la durée.

* * *

Vernis isolants de M. Ludwig Marx, à Mayence. — Nous venons de rappeler l'importance du séchage dans l'isolation des machines ou appareils électriques et montrer qu'au bout de 48 heures, un vernis est deux fois plus isolant qu'après 12 heures de séchage ; mais il est des cas où il est indispensable d'avoir un séchage beaucoup plus rapide et où il convient de diminuer la durée de celui-ci.

Pour ces cas spéciaux, la Maison Ludwig Marx livre des vernis à séchage plus ou moins rapide ; tels sont :

L'*armaturenlak orange*, pour induits et appareils, séchant à l'air en deux heures ;

L'*Isolierol Marx*, qui sèche rapidement et sert dans l'imprégnation des papiers et tissus devant rester très souples ;

Puis l'*Isolator*, vernis incolore séchant à l'air libre en 20 heures ou au four en cinq heures (80° C), etc.

* * *

Vernis isolants de la Maison B. Paege et Cie, à Berlin. — Pour terminer cette très succincte énumération que l'on pourrait continuer longtemps encore sans grande utilité pour les lecteurs, les fabriques de substances isolantes donnant aux intéressés tous les renseignements qui peuvent être intéressants pour chaque application particulière, nous mentionnerons quelques spécialités de la Maison B. Paege et Cie, notamment :

Le *Paegol*, ayant comme caractéristiques une souplesse et une flexibilité très grandes qui persistent pendant très longtemps ; un grand pouvoir isolant, aucune tendance à l'oxydation. Enfin ce vernis est imperméable à l'eau et indifférent à l'huile, à la chaleur, etc.

Le *Paegol* est surtout utilisé pour l'isolation des enroulements des moteurs de tramways, ainsi que pour les appareils à régime de courant intense.

Pour réaliser l'isolation des bobines enroulées au moyen de machines, on peut faire passer le fil guipé dans un bain de vernis pendant l'opération du bobinage.

Le séchage du *Paegol* demande environ 5 heures dans une étuve chauffée, à 80-100° C. Au point de vue isolant, une série d'essais a montré que la tension disruptive moyenne, pour un échantillon de toile à voile de $1^{mm},3$ d'épaisseur, imprégnée de ce vernis, est de 8.900 v (courant continu). Un papier de $0^{mm},08$ résiste à 4.600 v.

La densité du *Paegol* est de 0,900 à 15° C. La dilution s'opère avec de la benzine à 0,680.

*
* *

Pour le vernissage extérieur des induits, inducteurs, etc., la Maison Paege fabrique l'*Inductol*, vernis séchant rapidement à l'air, bien qu'il soit préférable de le recuire au four pendant une heure ; d'autre part, la faible épaisseur de la couche isolante permet d'utiliser l'*Inductol* comme isolant pour les rainures d'induits, et l'on réalise ainsi, indépendamment d'un grand pouvoir isolant, une meilleure utilisation de l'espace réservé au bobinage, espace qui est généralement calculé au strict nécessaire.

*
* *

Lorsqu'un enroulement doit supporter des intensités élevées, il y a avantage à employer l'*Electro-Emaillon* qui possède un énorme pouvoir émissif que démontra l'expérience suivante :

Deux bobines identiques, dont l'une n'était pas imprégnée avec de l'*Electro-Emaillon*, tandis que l'autre avait subi cette opération, ont été soumises à un régime de 17 a sous 110 v. Après trois quarts d'heure, la bobine non imprégnée était complètement hors d'usage, par suite de la carbonisation totale du guipage, tandis que la bobine imprégnée n'avait subi aucune dégradation.

Le diagramme (fig. 9) permet de juger de ce pouvoir émissif en montrant les variations de la température à l'intérieur d'une bobine de champ. Tandis qu'à l'extérieur, la température n'est que de 68° C, la température maximum, correspondant au point d'intersection des deux axes I, I et II, II, est de 102° C.

Le diagramme montre les résultats d'essais : la bobine, de 335×57 mm, placée sur un noyau polaire, et soumise à une ventilation normale produite par le mouvement de l'induit.

Afin d'augmenter la clarté des courbes se rapportant à l'axe I, I, on a pris pour l'épaisseur de la bobine une échelle plus grande.

La courbe I donne la variation de la température en fonction de la distance à partir de l'extérieur vers l'intérieur, et l'on constate que le maximum de la température est à environ deux tiers de l'épaisseur de la bobine.

Les mesures ont été effectuées à l'aide de piles thermo-électriques disposées le long de l'axe I, I.

La courbe II montre les variations selon la hauteur, et ces mesures ont été effectuées sur l'axe II, II.

La bobine en expérience était imprégnée de *Paegol*. Une bobine non imprégnée aurait accusé des températures sensiblement supé-

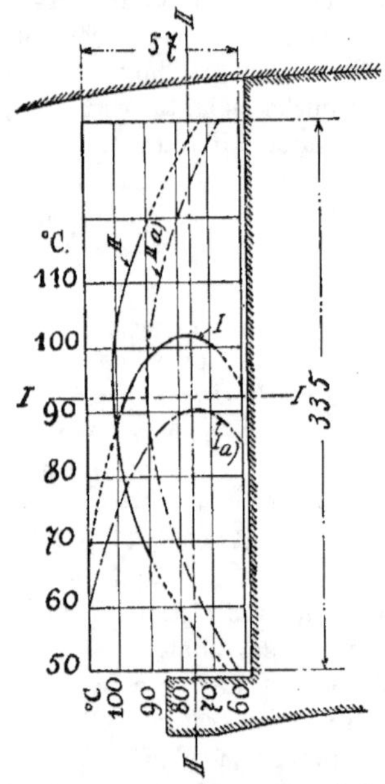

Fig. 9. — Diagramme permettant de juger
du pouvoir émissif de divers isolants.

rieures ; mais en prenant l'*Electro-Emaillon* comme matière imprégnante, on obtiendrait les valeurs données par les courbes I*a* et II*a*, respectivement pour l'épaisseur et pour la hauteur et suivant les axes I, I, et II, II.

On peut donc, toutes choses égales d'ailleurs, augmenter la densité du courant dans une bobine isolée avec ce vernis, ce qui revient à dire que l'on peut, ou bien surcharger une machine de dimensions données, ou bien diminuer le poids du cuivre pour une puissance donnée, sans dépasser les limites d'échauffement admises dans la pratique courante.

En plus de ce grand pouvoir émissif, l'*Electro-Emaillon* possède d'autres qualités qui sont, une grande imperméabilité à l'eau et une protection efficace contre les acides et la rouille. Il résiste à des températures de 220° C et plus.

*
* *

Parmi les autres préparations de la Maison Paege, nous citerons quelques vernis collants, parmi lesquels : le *vernis Japon C*, qui sèche rapidement à l'air, acquiert un grand éclat et une dureté extraordinaire. — Tension disruptive : 12.300 v courant alternatif pour un échantillon de toile à voile de $1^{mm},5$ d'épaisseur, imprégné avec ce vernis. Une tôle de $0^{mm},4$, recouverte d'une couche de *vernis Japon C*, résiste à une tension de 4.400 v courant continu.

*
* *

Le vernis *Franklin*, très adhérent, que l'on peut utiliser avec succès pour la fabrication des bagues en micanite pour collecteurs, ainsi que pour les tubes isolants pour rainures d'induits ou de transformateurs.

*
* *

Enfin, dans les cas où l'on doit craindre le voisinage d'acides (accumulateurs), on peut employer le *Paege-Lack* qui est une couleur-émail résistant soit aux acides, soit à la chaux.

Le pouvoir isolant du *Paege-Lack* est élevé, car un échantillon de toile à voile de $1^{mm},5$ d'épaisseur, imprégné de ce vernis, résiste à une tension de 11.000 v, courant continu. Soumis à une température de 150° C, aucune modification de l'émail ne se produit. Des essais ont également montré que les corps recouverts de *Paege-Lack* n'ont pas été attaqués par de l'acide sulfurique de densité 1,2, bien qu'étant restés 10 jours dans ce liquide.

CHAPITRE XV

Procédés modernes de séchage

LES ÉTUVES A AIR RARÉFIÉ

Il est impossible, après avoir parlé des vernis isolants, de ne pas mentionner les étuves à air raréfié qui en sont le complément dans l'industrie moderne.

Nous avons déjà dit qu'une des causes pouvant donner une grande incertitude aux résultats d'essais est le degré d'humidité de l'air, pendant que l'on opère, et il est essentiel — si l'on veut obtenir des résultats plus ou moins concordants — de faire usage de méthodes de séchage capables d'éliminer, d'une façon absolument certaine, cette cause perturbatrice.

Le degré de siccité d'une matière absorbante, comme, par exemple, un tissu de coton, est dans certaines limites une fonction de la température. Toutefois, il faut noter que l'excès de chaleur produit un effet diamétralement opposé, car il y a décomposition et carbonisation de la substance isolante.

Le tableau suivant montre nettement l'importance des températures limites :

DÉSIGNATION	TEMPÉRATURE en degrés C	POUVOIR isolant en mégohms
	30	5,7
	40	10
Augmentation de la résistance	50	51
pendant le séchage.	60	92
	70	130
	80	144
	90	140
	100	100
	110	66
Diminution de la résistance	120	34
pour des températures plus élevées.	130	15,6
	140	6
	150	2,3

On voit donc que l'on ne doit pas dépasser une température critique, qui diffère naturellement quelque peu avec la substance employée.

Lorsque le séchage est opéré normalement, le pouvoir isolant de la matière soumise à cette manipulation augmente très sensiblement. Mais si l'on a soin d'imprégner la matière au moment propice, son pouvoir isolant augmente d'une façon plus sensible encore, et, ce qui est plus intéressant, d'une façon beaucoup plus stable; en d'autres termes, sa dépendance de l'état atmosphérique est moindre.

* * *

Nous dirons maintenant quelques mots sur les fours qui permettent de sécher les objets dans l'air raréfié, les étuves vide-air.

Dans les fours ordinaires, le séchage ne peut naturellement jamais être parfait, ni régulier, car l'air chaud circulant dans l'étuve est presque toujours saturé de vapeur d'eau qui, sous cette forme, pénètre encore plus facilement dans les pores des objets à imprégner.

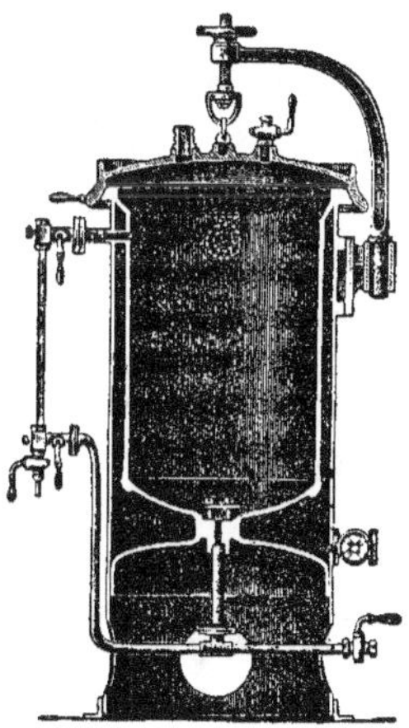

Fig. 10. — Four vide-air, système Pintsch.

La Maison Julius Pintsch s'est fait une spécialité de la construction de fours vide-air, répondant parfaitement au but sus-indiqué.

La construction de ces appareils est fort ingénieuse, et elle est mise en évidence par la figure 10.

Une cuve, entièrement dépourvue d'aspérités, est fermée par le haut au moyen d'un couvercle bien rodé, à emboîtement conique, et ce couvercle est suspendu à une petite potence pivotante, ce qui facilite beaucoup la manœuvre. Un ajutage prévu à la partie la plus haute du couvercle communique avec la pompe à air, ainsi qu'avec un condenseur à surface.

Le fond de la cuve communique, au moyen d'un robinet, avec le réservoir contenant le vernis isolant que l'on introduit au moment propice et automatiquement dans le four.

Après l'opération d'imprégnation, il suffit de laisser pénétrer de l'air sous le couvercle pour que le liquide, sollicité par la gravité, retourne dans le réservoir. On referme alors le robinet de vidange, ainsi que le robinet de prise d'air, et l'on recommence à faire le vide à l'intérieur de l'étuve, en augmentant progressivement la température de l'enceinte.

Des niveaux d'eau permettent de se rendre compte de la quantité de liquide imprégnant qui a pénétré dans l'appareil. Quant à la température, elle peut être vérifiée à chaque instant à l'aide d'un thermomètre *ad hoc*. Il est très intéressant de suivre l'évaporation lente des liquides contenus dans les objets à sécher. On voit le liquide s'écouler, goutte à goutte, dans un niveau fixé au bas du condenseur, et lorsque l'écoulement a complètement cessé, on est certain que le séchage est absolument réalisé.

Dans cet appareil, le chauffage est obtenu par une circulation plus ou moins intense de vapeur dans une chemise faisant corps avec la cuve centrale, ce qui donne à l'ensemble une grande rigidité, en même temps que la légèreté voulue. L'intérieur étant complètement lisse, le nettoyage peut s'effectuer facilement et complètement, ce qui a une grande importance ; de plus, il n'y a, pour ainsi dire, pas de déchet de matière isolante. Un avantage inhérent à ce modèle de four est que les vapeurs et l'air sont aspirés au sommet de l'appareil, ce qui assure une évacuation très complète des moindres parcelles d'eau, et, partant, un séchage absolu des objets traités par cette méthode.

Ces fours se fabriquent dans toutes les grandeurs, jusqu'à 2 m de diamètre sur 1 m de profondeur utile.

** **

Un autre système de fours, construits selon un principe différent qui, entre autres avantages, permet d'en abaisser le prix, consiste en un vaste récipient dont les parois sont garnies de serpentins dans lesquels on fait circuler de la vapeur. On peut naturellement employer la vapeur de décharge d'une machine si l'on ne veut pas utiliser de la vapeur vive.

Deux rails fixés au bas de l'étuve permettent d'y introduire très facilement, au moyen de wagonnets spéciaux, les objets à sécher et à imprégner (fig. 11).

Dans une étuve vide-air, il est facile d'obtenir le séchage absolu, étant donné que l'eau s'y évapore très énergiquement déjà à une tem-

Fig. 11. — Grandes étuves vide-air.

pérature variant de 35 à 40° C, et à plus forte raison lorsque l'on applique le chauffage à la vapeur. Au surplus, l'opération au moyen du vide-air permet de sécher, d'imprégner et de sécher de nouveau l'objet à isoler sans jamais le manipuler pendant cette série d'opérations, c'est-à-dire sans qu'il vienne en contact avec l'air pendant ce travail très délicat.

Dans ces appareils, on réalise un vide de 73-74 cm de colonne de mercure, de sorte que tous les pores sont débarrassés de l'air qu'ils contenaient et la matière isolante pourra y pénétrer en remplissant les moindres interstices ou cavités.

Dans ces derniers temps, on a cherché à augmenter encore l'effet précité en comprimant de l'air au-dessus du liquide dans lequel sont plongés les objets à imprégner, et l'on obtient ainsi une pénétration plus accentuée de la masse isolante.

Lorsque le séchage est complet, une certaine dépression règne dans le four. A ce moment, on ouvre un robinet qui met le fond du four en communication avec le liquide servant à l'imprégnation, lequel est chassé dans la cavité de l'étuve, par suite de la différence de pression extérieure et intérieure.

CHAPITRE XVI

Huiles

I. — HUILE POUR L'ISOLATION ET LE REFROIDISSEMENT DES TRANSFORMATEURS

Les tensions excessivement élevées auxquelles on est arrivé peu à peu dans l'industrie électrique, les dimensions toujours plus restreintes que l'on désire obtenir pour les appareils producteurs ou les transformateurs, ont obligé les ingénieurs à étudier des conditions nouvelles d'établissement, notamment en ce qui concerne les transformateurs statiques, à refroidissement par bain d'huile, et il est de toute importance de bien connaître les conditions que l'on doit exiger des huiles employées.

Qualités d'une huile. — Quels avantages désire-t-on obtenir dans tous les cas de transformateurs dans l'huile ? Principalement, un refroidissement et une isolation aussi considérables que possible.

Pour ce faire, il est indispensable :

1º D'avoir une huile très fluide afin de baigner toutes les parties du transformateur et pouvoir circuler très librement ;

2º Que l'huile, même fluide, ne tende pas à s'épaissir sous l'influence du temps et de la chaleur ;

3º Qu'elle ne contienne aucune trace d'eau ;

4º Que les acides ne s'y trouvent qu'en quantité pratiquement négligeable.

Lors de l'essai d'une huile pour transformateurs, il convient de s'assurer, après l'examen de la fluidité, si elle n'a pas une tendance à se solidifier ou, tout au moins, s'épaissir par l'usage. Pour ce faire, on verse un gramme de l'huile à essayer sur un verre de montre, que l'on place dans un bain-marie bouillant où on l'abandonne pendant environ seize heures, puis on examine l'état de l'huile après refroidissement.

En prenant comme échantillon type une huile de colza de première qualité, celle-ci ne se sèche pas par cet essai, et ne paraît pas s'être épaissie beaucoup lorsqu'on la fait couler en inclinant le verre ; les huiles inférieures se coagulent par taches sèches sur les côtes du verre ; la plupart s'épaississent plus ou moins.

La manière dont les différentes huiles se comportent lorsqu'on les expose en couches minces à l'air, à la température ordinaire, ou en l'échauffant, a permis de les classer en trois genres :

1º Huiles siccatives qui, par oxydation, se solidifient rapidement en vernis, et comprennent les huiles pour peinture ;

2º Les huiles demi-siccatives ne se séchant que lentement ;

3º Les huiles dites non-siccatives, qui restent fluides très longtemps, et comprennent les meilleures huiles, soit pour leur emploi dans les transformateurs, soit comme graissage.

Importance de l'eau dans une huile isolante. — Nous avons dit qu'une des principales qualités d'une huile était l'absence de toute trace d'eau.

Il suffit, en effet, de quantités excessivement faibles de ce liquide pour réduire les qualités isolantes dans des proportions considérables, et cela peut avoir une très grande importance également dans les cas d'interrupteurs à huile dont nous parlerons plus loin.

Voici quelques essais de M. Skinner [1] effectués pour déterminer la teneur d'eau de différentes huiles.

On peut prélever un petit échantillon d'huile et plonger dans celle-ci une tige de fer dont l'extrémité a été chauffée jusqu'au rouge sombre ; si l'on entend un crépitement, c'est une preuve d'humidité. Une autre méthode consiste à verser un échantillon d'huile dans une éprouvette, à y mélanger un peu de sulfate de cuivre anhydre et à brasser le tout, on observe alors si le sel se colore en bleu, ce qui ne peut avoir lieu que si l'huile contient de l'eau. Il est difficile de déterminer la proportion d'eau, surtout si elle se trouve en très faible quantité ; ce procédé ne permet du reste qu'une analyse qualitative. L'analyse quantita-

---

[1] *Electrical World and Engineer*, 11 Mars 1905.

tivé ne peut se faire que par une méthode indirecte, en préparant des mélanges d'eau et d'huile dans des proportions exactement connues et en déterminant pour ces liquides la distance à laquelle l'étincelle peut éclater. Quoique les chiffres ainsi obtenus ne soient pas rigoureusement exacts, ils sont suffisamment approximatifs pour le besoin de la pratique.

La figure 12 représente la variation de la distance explosive dans l'huile mélangée avec des quantités d'eau variant de 0 à 0,24 %. On voit qu'il

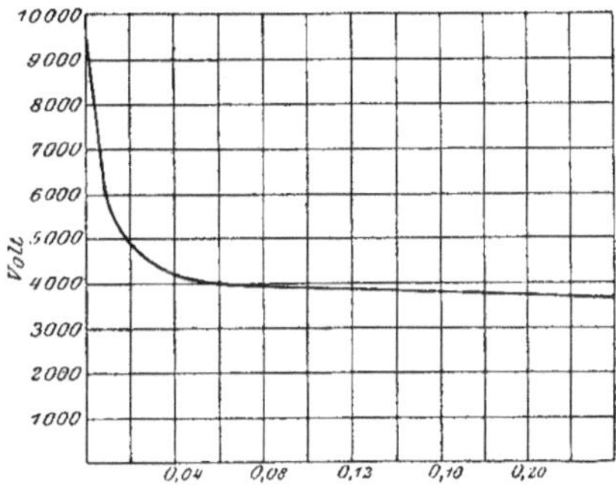

Fig. 12. — Courbe représentant la variation de la distance explosive dans l'huile mélangée avec des quantités d'eau variant de 0 à 0,24 %.

suffit de 0,06 % d'eau pour réduire de 50 % la distance explosive par rapport à celle de l'huile pure. De plus grandes quantités d'eau n'ont plus qu'une influence relativement faible.

Essais électriques. — Nous avons vu de quelle façon il était possible de reconnaître les caractères physiques des huiles pour transformateurs ; un autre essai, d'une grande importance, est celui de percussion électrique.

Un dispositif convenant très bien est celui constitué par un tube de verre contenant une certaine quantité d'huile à essayer ; on empêche l'écoulement du liquide au moyen de deux bouchons bien ajustés, percés en leur milieu pour permettre le passage de deux tiges de cuivre reliées à une source de courant et terminées par des pointes de platine.

Ces pointes, en regard l'une de l'autre, sont espacées d'un nombre de millimètres déterminé, et l'on monte en tension jusqu'à ce qu'une étincelle éclate.

Suivant les huiles, l'étincelle éclatera, pour les mêmes tensions, à des distances très différentes qui seront de précieuses indications sur la valeur isolante des échantillons observés.

Durant les essais, il est très intéressant de remarquer si, par les étincelles, l'huile est facilement décomposée et si des quantités un peu considérables de charbon se forment, ce qui serait préjudiciable. Un peu d'habitude permet de se rendre un compte exact de la valeur des différentes huiles par ces divers procédés.

Il nous reste maintenant à parler de l'acidité.

Acidité. — D'après Archbutt et Mountfort Deeley ([1]), les acides libres dans les huiles peuvent consister en :

1º Acides gras libres existant naturellement en petites quantités dans la plupart des huiles végétales, ou dégagées en plus grande quantité par la décomposition d'une huile animale ou végétale pendant son emmagasinement à l'état brut, ou par l'action de l'acide sulfurique dans le raffinage ;

2º Des acides de résine présents comme constituants naturels de l'huile de résine ou de la résine ajoutée ;

3º Acides organiques existant naturellement dans les huiles minérales ;

4º Acide sulfurique libre, ou tout autre acide minéral, employé dans le raffinage et insuffisamment enlevé.

Ces acides libres sont tous corrosifs, et les acides gras ont, en outre, l'inconvénient que les savons qu'ils forment avec les métaux se dissolvent dans l'huile et l'épaississent.

Détermination de l'acidité. — L'acidité des huiles, qui peut provenir de la présence d'acides gras libres, d'acides résiniques et parfois d'un acide minéral, se détermine qualitativement et s'exprime en équivalent d'acide oléique ou sulfurique anhydre. Benedikt définit l'acidité d'une huile par le nombre de milligrammes de potasse (KOH) nécessaire pour neutraliser l'acide libre d'un gramme d'huile.

Pour estimer l'acidité totale d'une huile, on en dissout de 5 à 10 gr.

---

(1) L. ARCHBUTT et R. MOUNTFORT DEELEY : *Le graissage et les lubrifiants.*

dans un mélange neutralisé de 4 parties d'éther pour 1 d'alcool absolu titré par une dissolution alcoolique décinormale de soude caustique, avec la phénolnaphtaline comme révélateur.

On peut aussi simplement agiter l'huile dans un flacon avec de l'esprit de méthylène neutralisé, qui dissout l'acide libre et laisse l'huile neutre insoluble, et titrer par une dissolution aqueuse de soude caustique ; cette dernière méthode, plus simple et suffisamment exacte pour la pratique, est par conséquent préférable.

En étudiant d'un peu près les huiles dont ils ont fréquemment l'emploi, les constructeurs-électriciens s'épargneront de nombreux mécomptes.

Résultats d'essais. — Nous avons essayé un certain nombre d'huiles différentes, minérales et végétales et cela à un double point de vue, savoir : 1º la tension disruptive, en observant deux phases différentes, soit la tension nécessaire pour que des *étincelles* jaillissent entre les pointes de platine, puis, en montant peu à peu le voltage, la tension nécessaire pour que l'*arc* s'établisse ; 2º la production de charbon au moment de cet arc.

Pour que les essais soient plus comparatifs, nous avons ramené toutes les tensions à la distance de 1 mm.

DÉSIGNATION de l'huile	FLUIDITÉ	TENSION nécessaire pour que paraissent les étincelles, en volts	TENSION nécessaire pour que jaillisse l'arc, en volts	PRODUCTION de charbon
Ricin H. R. R.	très lourde	4.460	9.500	faible
Arachide V. E 2	très fluide	5.720	9.400	très faible
Huile de lin dégraiss.	assez fluide	4.000	9.330	faible
Ultra	passablement fluide	4.260	8.000	assez forte
Isolante	peu fluide	4.000	7.500	forte
Végétale V. R. 0	fluide		6.650	faible
Huile pour transformateurs (Charlottenbourg)	assez fluide		6.100	assez forte
Colza V. N. D.	fluide	4.570	5.750	forte
Sulfoline I	fluide	4.900	5.430	assez forte

Ce tableau semble intéressant à plus d'un titre ; en effet :

1º L'arc s'établit à des tensions très différentes suivant les huiles de 9.500 v à 5.430 v) tandis que les étincelles jaillissent presque toutes vers les mêmes tensions (entre 4 et 5.000 v, sauf pour un cas). De ce fait, pour les huiles les moins isolantes les voltages d'étincelles et d'arcs se rapprochent et se confondent même parfois, c'est-à-dire que la première étincelle se trouve être l'arc.

2º La production de charbon paraît être d'autant plus grande que la valeur isolante de l'huile est moins grande ; les trois qualités d'huiles dont les tensions d'arc dépassent 9.000 v ont une faible ou très faible production de charbon ; les trois qualités dont les tensions d'arc sont les plus basses ont une assez forte, ou forte production de charbon.

Ces essais sont intéressants aussi bien pour l'application des huiles aux transformateurs, que pour celle aux interrupteurs où la question de la production de charbon au moment d'un arc électrique est importante.

Une autre *huile pour transformateurs* que nous avons essayée a donné, pour une distance de 2^{mm},1, une tension disruptive variant de 20.800 à 24.400 v, moyenne, 22.600, soit pour 1 mm d'écartement, 10.800 v.

Huile de graissage pour machines. — Nous avons eu de très grandes différences dans ces essais, pour cette même distance de 2^{mm},1 ; les voltages nécessaires pour obtenir l'étincelle, ont varié de 18.000 à 30.000 v ; cela tient sans doute à un manque de pureté de l'huile qui devait tenir en suspension des matières étrangères.

II. — INTERRUPTEURS A HUILE

Tout ce que nous avons dit des huiles dans leur emploi pour les transformateurs peut s'appliquer à leur utilisation dans les *interrupteurs à huile.*

En effet, les interrupteurs à huile pour courant de haute tension sont fort employés ; ils sont précieux surtout comme appareils d'usines ; on les place généralement derrière les tableaux de distribution.

Le réservoir d'huile de ces appareils doit avoir une capacité suffisante pour que la très légère carbonisation de l'huile qui se produit à chaque rupture de l'arc ne nécessite pas le renouvellement trop fréquent du liquide.

L'emploi des interrupteurs à huile se recommande tout particulièrement dans le cas de circuits à grande capacité ou présentant une
forte self-induction ; ils n'occasionnent pas au moment de la rupture
du courant, une élévation de tension comme le font les interrupteurs
à arc aérien. Des essais faits en Angleterre par M. Field ont montré
que des courants de 30 a sous 40.000 v pouvaient être coupés dans
l'huile, sans que l'oscillographe décelât la moindre élévation de potentiel.

L'huile à employer de préférence est une huile minérale peu lourde,
ou mieux encore, un mélange d'huile et de pétrole en tenant compte
de l'inflammabilité de ce dernier.

III. — AUTRES EMPLOIS DE L'HUILE

Il est certain que les huiles peuvent être employées de tout autre
manière: la toile cuite dans l'huile de lin, constitue un bon isolant et
résiste à des tensions élevées. Les usines emploient souvent cette toile
sous forme de rubans pour guiper les sections destinées à être placées dans les encoches des induits de dynamos.

Enfin, voici, d'après Janet, les résistances d'isolement de quelques
huiles :

Huile de goudron de bois.	1.700 millions de mégohms-cm.
— lourde de paraffine.	8 — —
— d'olive.	1 — —

CHAPITRE XVII

Pétrole

Le *pétrole* est intéressant à plus d'un titre dans la question des isolants ; par lui-même, dans certaines applications et par ses dérivés : paraffine, huiles, etc., ainsi que nous l'avons déjà vu. (Voir les chapitres relatifs à ces substances.)

Le pétrole est un mélange très complexe de divers carbures d'hydrogène, et il y a lieu de distinguer entre les pétroles américains et russes, dont les qualités respectives sont très différentes.

En effet, le pétrole américain ne contient guère que des carbures forméniques, $C^n H^{2n+2}$. Dans le pétrole russe, ce sont au contraire des carbures éthyléniques, des paraffines et des carbures cycliques, les naphtènes $C^n H^{2n}$, qui dominent.

Il en résulte que ces divers pétroles se comportent différemment à la distillation : le premier est beaucoup plus riche que le second en produits très volatils (14 % d'éther et d'essence au lieu de 0,6 %) ; il est un peu plus riche en huile (25 % contre 21 %) ; il fournit moins d'huiles lourdes. Les pétroles américains donnent des quantités notables de paraffine dont l'extraction est très rémunératrice ; les pétroles russes n'en contiennent au contraire que très peu ; aussi les huiles lourdes du Caucase s'épaississent moins sous l'influence des basses températures et sont meilleures, comme huile de graissage, que les huiles lourdes de Pensylvanie.

Indépendamment des services qu'il rend par les substances qu'on en peut retirer, le pétrole est utilisé lui-même dans certains cas, par exemple dans les transformateurs à haute fréquence de Tesla, pour isoler les enroulements les uns des autres. Etant bon isolant, non acide et ne contenant pas d'oxygène, il peut rendre de ce fait des services signalés dans des cas spéciaux : Interrupteurs Radiguet dans le pétrole, condensateurs d'Arsonval et Gaiffe, etc.

Résultats d'expérience. — Avec une distance de $2^{mm},1$, nous avons obtenu l'étincelle avec des tensions variant de 24.000 à 27.600 v, soit comme moyenne : 25.640 v et par millimètre de distance 12.210 v.

CHAPITRE XVIII

Isolants gazeux

L'AIR

Nous avons dit que l'air sec était le meilleur isolant connu, sa résistivité étant pratiquement infinie, mais que, par contre, sa résistance à l'étincelle était médiocre ; or nous savons que dans la grande majorité des cas, ce sont les distances de percussion qui sont intéressantes.

Mais, s'il a été fait un grand nombre de recherches sur les tensions nécessaires pour traverser des couches d'air déterminées, il est un fait digne de remarque, c'est que l'on ne trouve presque jamais deux tables donnant les mêmes chiffres. Cela tient à ce que de très nombreux facteurs modifient considérablement les résultats et qu'il convient de savoir exactement dans quelles conditions ont été faits les essais.

En effet, les distances explosives sont modifiées par l'état d'hygrométricité de l'air, la pression, la température, la nature du courant employé, la forme des électrodes, la polarité, etc., etc., aussi donnerons-nous des résultats d'expériences pour chaque cas déterminé.

Influence de la pression. — MM. Ch.-E. et Ph. Guye ont étudié l'influence des pressions élevées des gaz sur le potentiel explosif. Les gaz en expérience, soigneusement purifiés et desséchés ont été : l'air, l'azote, l'oxygène, l'hydrogène, et l'anhydride carbonique.

Le dispositif employé était le suivant : A l'extrémité d'un tube de Cailletet étaient soudées deux électrodes de platine (1 mm de diamètre) soigneusement aplanies et distantes d'environ $0^{mm},2$.

Afin d'éviter les actions perturbatrices pouvant provenir de charges électriques localisées sur le verre, une capsule de platine placée à l'intérieur du tube et en communication avec l'électrode supérieure, recouvrait complètement les électrodes ; seuls, deux petits orifices disposés sur deux diamètres rectangulaires permettaient d'observer l'étincelle à l'intérieur de la capsule.

La pression était mesurée à l'aide de manomètres à azote en rapport avec la pompe de compression et gradués d'après les expériences de M. Amagnat. La mesure des potentiels a été effectuée au moyen d'un électromètre absolu de Bichat et Blondlot par un dispositif rappelant celui de MM. Abraham et Lemoine, avec quelques modifications.

Dans toutes les expériences, la distance explosive était la même. L'examen des chiffres trouvés a conduit aux conclusions suivantes :

1° Jusqu'aux pressions de 10 atmosphères, le potentiel explosif croît linéairement avec la pression ; ce résultat confirme donc les expériences de M. Wolf, effectuées dans ces limites ;

2° Pour des tensions plus élevées, le rapport du potentiel explosif à la pression va en diminuant ; les courbes représentatives du potentiel explosif en fonction de la pression, ont, dans leur ensemble, une allure parabolique ;

3° Dans toutes les expériences sur l'azote, la courbe du potentiel explosif a montré un maximum de compressibilité de ce gaz ($pu =$ minimum).

Les expériences sur l'air ont montré également un léger relèvement de la courbe pour $p = 65$ mm de mercure ;

4° Avec l'hydrogène et l'oxygène, pour lesquels le minimum de pu se trouve en dehors de la limite des expériences, on n'a rien constaté de semblable ;

5° Les quelques expériences effectuées sur la rigidité électrostatique de CO^2 au voisinage du point critique semblent indiquer une diminution de potentiel explosif sur ce point ; toutefois, la décomposition partielle du gaz qui doit résulter du passage de l'étincelle rend alors le phénomène plus complexe qu'avec les gaz précédents et l'interprétation devient délicate.

Influence du genre de courant. — Non seulement si les courants employés sont continus ou alternatifs, mais encore suivant la forme de ceux-ci, les résultats des essais peuvent être fort différents les uns des autres.

En effet, si l'on expérimente avec du courant alternatif d'une centrale de ville quelque peu importante, il peut se faire que, indépendamment de ce que la courbe de force électromotrice de ce courant peut ne pas être une sinusoïde, mais être la résultante des courbes de force électromotrice de plusieurs types différents couplés en parallèle, certaines déformations sont accentuées par la marche variable d'un grand nombre de moteurs synchrones et asynchrones, et par la capacité statique du réseau primaire souterrain qui joue un rôle très sensible.

Il est donc important, lorsqu'on fait des recherches de ce genre, de n'utiliser que des génératrices dont on connaît exactement la forme de courbe électromotrice.

Pour montrer l'influence du genre de courant sur la rigidité électrostatique de l'air nous donnerons quelques résultats de nombreuses

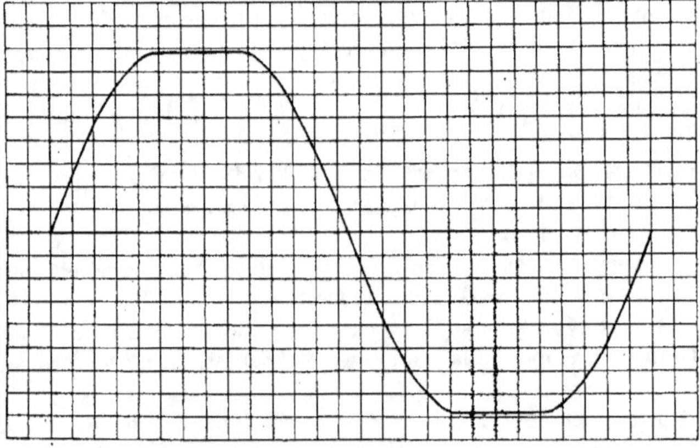

Fig. 13.

expériences comparatives, à courant continu et à courant alternatif qui ont été exécutées à la Compagnie de l'Industrie Electrique et Mécanique de Genève, sous la haute direction de M. R. Thury.

Expériences avec le courant alternatif. — L'alternateur installé pour ces essais était une machine de 75 kw, à induit tournant ; l'inducteur fixe était à 6 pôles et la vitesse était maintenue rigoureusement à 1.000 tours, pour obtenir une fréquence de 50 cycles par seconde.

Un dispositif en bout d'arbre nous avait permis de relever exactement la courbe de la force électromotrice ; comme on le voit (fig. 13), cette courbe est aplatie à son sommet, de telle sorte que la force électromotrice maxima, au lieu d'être $\sqrt{2}$ fois la force électromotrice efficace (cas d'une sinusoïde) n'est en réalité que 1,255.

Les variations de tension alternatives ont été obtenues par réglage du courant d'excitation et par changement de couplage du secondaire du transformateur élévateur.

Expériences avec le courant continu. — Nous avons utilisé, pour ces essais, 3 dynamos Thury, à courant continu, pouvant donner chacune 25.000 v, ce qui nous permettait, en les couplant en série, de disposer de 75.000 v en tension continue.

Chacune des génératrices pouvant donner un ampère au maximum, nous avions ainsi un courant de 70 kw environ, c'est-à-dire beaucoup plus puissant qu'il n'était nécessaire pour les expériences que nous avions en vue.

Résultats d'essais comparatifs. — Voici les résultats des essais comparatifs, courant continu, courant alternatif, en utilisant les mêmes électrodes, soit des boules de laiton de 20 mm de diamètre.

COURANT ALTERNATIF 50 périodes		COURANT CONTINU		RAPPORT des distances explosibles
Tension	Distance en $\frac{m}{m}$	Tension	Distance en $\frac{m}{m}$	
10.000	4	10.000	1,8	1,425
20.000	9,2	20.000	6	1,55
30.000	16	30.000	10	1,6
40.000	28,2	40.000	14,6	1,92
50.000	47	50.000	20,7	2,22
60.000	75	60.000	30,8	2,44
64.500	—	64.500	36	—

Influence de la forme des électrodes. — L'influence de la forme des électrodes est très grande, pour ce qui concerne la résistance de l'air à l'étincelle ; on connaît l'importance du pouvoir des pointes.

Dans nos essais, nous avons tant avec le courant continu qu'avec le courant alternatif, expérimenté avec : 1° une boule à chaque électrode ; 2° boule et plateau ; 3° plateau et pointe.

Voici les résultats obtenus, diamètre des boules 20 mm :

TENSION en volts	1° BOULE et BOULE		2° PLATEAU et BOULE		3° PLATEAU et POINTE	
	Courant continu	Courant alternatif	Courant continu	Courant alternatif	Courant continu plateau — et pointe +	Courant alternatif
5.000	1,3	2	0,8	—	1,8	4
10.000	2,9	4	2,2	3,7	4	10,1
20.000	6,2	9,2	6,7	13,2	13	28,8
30.000	10	16	13,7	33,4	26,2	57
40.000	14,7	28,2	26	60,2	44,2	87
50.000	21,3	47	41,5	87,8	70,3	118,3
60.000	30,8	75	63	117	98,2	149,5

L'examen de ces chiffres montre que :

Pour le courant alternatif à 30.000 v, la distance explosive entre pointe et plateau est 1,707 fois plus grande qu'entre plateau et boule et 3,563 fois plus considérable qu'entre boule et boule et pointe et plateau.

A 60.000 v, la différence est moindre : 1,28 fois plus grande entre pointe et plateau qu'entre plateau et boule, et 2 fois plus grande en comparant pointe et plateau et boule et boule.

Quant au courant continu, nous avons spécifié dans l'expérience entre pointe et plateau que les polarités étaient : pointe + et plateau —, ceci a une grande importance comme nous le verrons plus loin.

Les rapports sont :
A 30.000 v. :

2 fois plus grande entre pointe et plateau qu'entre plateau et boule.
2,62 fois   —   —   —   boule et boule.

A 60.000 v :

1,587 fois plus grande entre pointe et plateau qu'entre plateau et boule.
3,156   —   —   —   —   boule et boule.

On peut, par ces quelques chiffres, se rendre compte de l'influence considérable de la forme des électrodes pour la distance disruptive dans l'air, et l'importance du pouvoir des pointes ; celle-ci est encore plus caractéristique dans la question des polarités.

Influence de la polarité. — En effet, si nous comparons les chiffres obtenus lors des expériences avec plateau — et pointe + avec ceux relevés lors des essais exécutés en intervertissant les polarités, soit plateau + et pointe —, nous voyons qu'à 40.000 v, la distance à laquelle a lieu l'étincelle est deux fois plus grande avec pointe + qu'avec pointe — ;

Voici d'ailleurs les résultats d'essais :

TENSION DE PERCUSSION en volts pointe + et plateau — continu	DISTANCE D'AIR en millimètres	TENSION DE PERCUSSION en volts pointe — et plateau + continu	DISTANCE D'AIR en millimètres
5.000	1,8	5.000	2,5
10.000	4	10.000	5,2
20.000	13	20.000	10,5
30.000	26,2	30.000	15,8
40.000	44,2	40.000	22,3
50.000	70,3	—	—
60.000	98,2	—	—

Si nous ajoutons, à ces causes de différences, l'état d'hygrométricité de l'air expérimenté, sa température, son état de pureté (absence

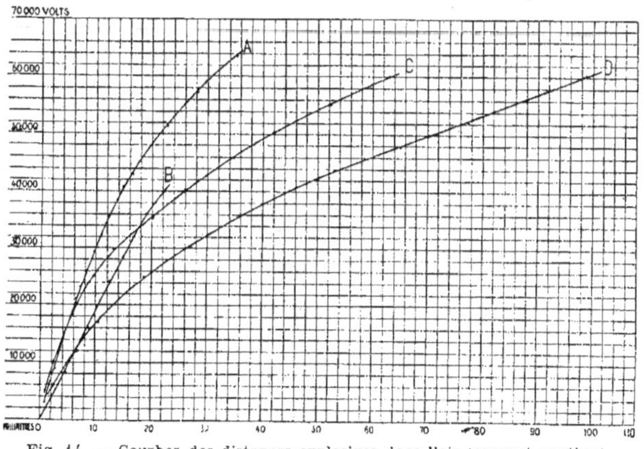

Fig. 14. — Courbes des distances explosives dans l'air (courant continu)
A, Boule et boule. — B, Pointe — et plateau +. — C, Plateau + boule — et plateau — boule +.
— D, Pointe + plateau —.

de poussières), toutes circonstances tendant à augmenter la distance explosive, on comprendra mieux combien il est difficile de trouver des résultats absolument concordants, et l'importance qu'il y a, pour l'expérimentateur, à noter, lors d'un essai, les caractéristiques de celui-ci.

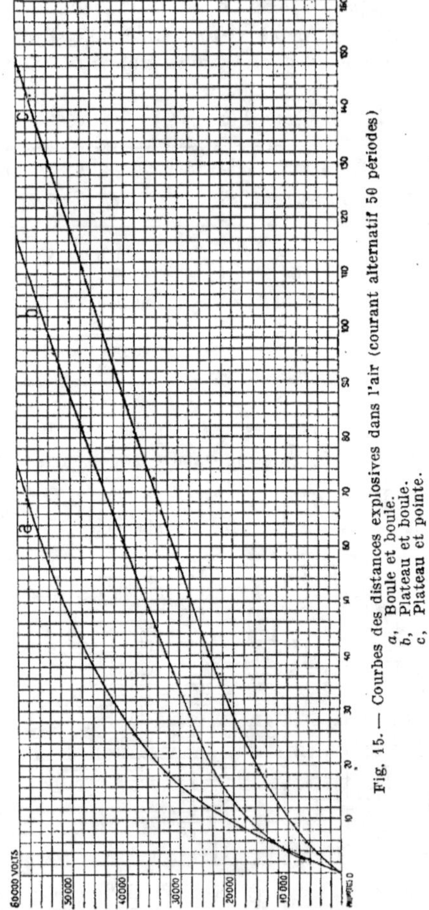

Fig. 15. — Courbes des distances explosives dans l'air (courant alternatif 50 périodes)
a, Boule et boule.
b, Plateau et boule.
c, Plateau et pointe.

Nous donnons figures 14 et 15 les courbes relatives aux différentes recherches que nous venons d'analyser.

Enfin, pour terminer, nous indiquerons les moyennes de plusieurs essais de distances explosives avec courant alternatif, en utilisant des pointes aux électrodes.

VOLTS (racine carrée de la moyenne des carrés)	DISTANCE en millimètres	VOLTS (racine carrée de la moyenne des carrés)	DISTANCE en millimètres
5.000	5,7	60.000	118
10.000	11,9	70.000	149
15.000	18,4	80.000	180
20.000	25,4	90.000	212
25.000	33	100.000	244
30.000	41	110.000	273
35.000	51	120.000	301
40.000	62	130.000	329
45.000	75	140.000	354
50.000	90	150.000	381

*
* *

Au point de vue pratique, la distance explosive intervient dans l'établissement de quelques appareils industriels et en particulier des parafoudres. Ces appareils offrent tous, en général à travers l'air, un chemin praticable à la décharge atmosphérique, mais tel aussi qu'il ne puisse y avoir décharge sous la différence de potentiel existant en temps normal, lorsque l'appareil est sous tension.

Pour les parafoudres du genre dit « à cornes » protégeant les lignes aériennes à haute tension, la distance explosive d doit être proportionnée à la tension maximum de travail, et le diagramme des distances explosives entre deux armatures de parafoudre à cornes a été établi d'après les expériences de M. Dussaugey, à Grenoble, par température et humidité normales.

Il faut, en pratique, doubler les valeurs des distances explosives données par ce tableau, et même les quadrupler pour les petites tensions, si l'on veut éviter les fonctionnements intempestifs de l'appareil sous l'effet des poussières en suspension dans l'atmosphère.

Dans les cas de tensions élevées, là technique a imaginé de nombreux dispositifs pour diminuer les effets des arcs soit dans les parafoudres soit dans les interrupteurs et coupe-circuit où, vu les tensions excessivement élevées auxquelles on arrive et les puissances à transmettre, il est indispensable de diminuer les distances énormes auxquelles subsistent les arcs une fois amorcés.

On a utilisé dans ce but le soufflage magnétique et les appareils à rupture dans l'huile dont nous avons déjà parlé.

CHAPITRE XIX

Utilisation des isolants

Il est difficile de fixer, d'une façon définitive, l'emploi de chaque isolant dans les multiples applications que l'on en peut faire dans l'industrie électrique ; il doit, dans chaque cas, entrer en considération des facteurs qui déterminent l'utilisation ou le rejet de telle ou telle substance.

Suivant les tensions, suivant les conditions dans lesquelles doit fonctionner une machine, suivant le coût de celle-ci, les matières employées dans l'isolation seront différentes.

Suivant les tensions, avons-nous dit. En effet, il est des isolants de tout premier ordre, mais chers, qu'il serait exagéré et onéreux d'utiliser dans des moteurs ou génératrices de bas voltages ;

Suivant les conditions dans lesquelles doit fonctionner une machine. Car si celle-ci doit travailler dans un local sec ou dans un emplacement humide ; si elle doit assurer un service intense, partant, chauffer parfois exagérément, ou marcher d'une façon discontinue ; si elle doit être soumise à des écarts de régime considérables, etc., etc., les isolants utilisés seront différents.

Enfin, des questions de concurrence pourront amener un industriel à économiser le plus possible sur les matériaux employés dans des machines insuffisamment payées, et il devra s'ingénier à trouver, parmi les nombreux produits que nous avons examinés, celui qui, à égalité de valeur isolante, reviendra le moins cher.

Il y a donc, de ce fait, une certaine pratique à acquérir dans l'emploi des isolants, sans compter que dans des cas déterminés : cas de transformateurs dans l'huile, par exemple, il faut choisir des substances résistant à l'action de ce liquide.

Dans d'autres cas encore, il ne sera pas sans intérêt de se souvenir que toutes les substances vulcanisées présentent l'inconvénient d'une modification de leur surface qui devient conductrice avec le temps, par l'action de l'ozone, de l'acide nitrique de l'air et des agents de composition de la vulcanisation elle-même.

L'ébonite perd de ce fait son brillant et sa couleur se modifie rapidement. On peut, toutefois, éviter en partie ces inconvénients en vernissant soigneusement les surfaces.

CONSTANTES DIÉLECTRIQUES

Nous mentionnerons, pour terminer, les résultats des intéressantes expériences de Benischke, sur l'importance de la valeur des *constantes diélectriques* des différents isolants.

On sait que la charge prise par un condensateur, constitué par deux lames métalliques parallèles séparées par une lame d'air, est :

$$Q = E.C,$$

E étant le potentiel et C la capacité du condensateur.

Si, au lieu d'un espace d'air, on interpose, entre les lames, des corps isolants : mica, porcelaine, soufre, huile, paraffine, etc., sans modifier la distance des lames, le même potentiel donnera au condensateur une charge Q′, telle que :

$$\frac{Q'}{Q} > 1.$$

Si nous disons :

$$\frac{Q'}{Q} = K,$$

nous appellerons alors K la *constante diélectrique* de l'isolant expérimenté.

Comme cette constante est prise par rapport à l'air, il est certain que, pour l'air, elle sera égale à 1 — K = 1, et que pour tous les corps isolants, K sera plus grand que 1.

Nous donnons, ci-dessous, les constantes diélectriques d'un certain nombre de corps :

Alcool	5	— 27
Mica	5,5	— 8
Verre	3	— 8
Micanite	5	— 6
Marbre	6	
Porcelaine	5,3	
Huile de ricin	4,7	— 4,9
Soufre	2,4	— 4 —
Gomme laque	2,7	— 3,7
Ebonite	2	— — 3,2
Caoutchouc vulcanisé	2,7	
Essence de térébenthine	2,3	— 2,6
Colophane	2,5	
Paraffine	2	— — 2,3
Pétrole	2	— — 2,2
Caoutchouc	2,2	

Les différences remarquées dans la plupart des résultats proviennent soit de différences de composition, soit d'impuretés dans les substances essayées.

Quels sont, maintenant, les avantages pratiques que l'on peut retirer de la connaissance de ces constantes diélectriques ? Nous voyons déjà, par l'examen des chiffres ci-dessus, qu'ils n'ont aucune corrélation avec la valeur isolante propre de chaque substance, mais c'est dans une utilisation appropriée des divers isolants, les uns par rapport aux autres, que réside l'intérêt des recherches de Benischke.

Celui-ci a remarqué que lorsque deux isolants de constantes diélectriques différentes sont accolés, la pression électrique est plus petite dans l'isolant à grande constante diélectrique, et plus grande dans l'isolant à petite constante diélectrique que si l'espace qu'ils occupent était rempli par une matière homogène.

Ainsi, quand, dans les câbles isolés par plusieurs couches isolantes de constantes diélectriques différentes, la matière ayant la plus grande constante est placée à l'intérieur des autres, les différences dans la pression électrique dues à la forme géométrique se trouvent diminuées. C'est l'inverse qui se produit si cette matière est à l'extérieur.

Comme applications, on a remarqué, par exemple, que deux tubes concentriques, l'un de porcelaine et l'autre de stabilite, donnent un meilleur isolement que deux tubes de porcelaine de mêmes épaisseurs.

Pour de très hautes tensions, on utilise aussi parfois des cylindres concentriques de micanite et de porcelaine.

Comme dernière remarque dans l'emploi des isolants, nous rappellerons l'importance qu'il y a, dans tous les cas, à avoir une surface aussi lisse et glacée que possible, de façon à ce que l'humidité et les poussières ne puissent s'y déposer facilement.

En observant, pour chaque classe de substances, les règles très simples que nous avons indiquées quant à leur application pour des cas déterminés, les intéressés pourront s'éviter bien des tâtonnements et bien des mécomptes.

BIBLIOGRAPHIE

Ouvrages :

ARNOLD : *La machine à courant continu.*
ARCHBUTT ET MOUNTFORT DEELEY : *Huiles industrielles.*
BENISCHKE : *Wissenschaftliche Grundlagen der Elektrotechnik.*
A. CHARBONNEAU : *Les courants alternatifs de haute fréquence.*
R. FRIESE : *Das Porzellan als Isolier-und Konstruktionsmaterial in der Elektrotechnik.*
E. GÉRARD : *Leçons sur l'Électricité.*
E. HOSPITALIER : *Congrès de l'Électricité en 1900.*
A. MONMERQUÉ : *Contrôle des installations électriques.*
MINISTÈRE DU TRAVAIL *(Belgique) : Industries du caoutchouc et de l'amiante.*
J. PIONCHON : *Traité d'électricité industrielle.*
F. DE PONTCHARRA : *Propriétés et essais des matériaux de l'électrotechnique.*
TURNER ET HOBART : *L'isolement des machines électriques.*
C. WEBER : *Erläuterungen zu den Sicherheitsvorschriften.*
R. WERNICKE : *Les isolants en électrotechnique.*

Revues :

Annalen der Physik (Berlin).
Annales des Sciences physiques et naturelles (Genève).
L'Électricien (Paris).
Elektrotechnische Zeitschrift (Berlin).
Industrie Électrique (Paris).
La Lumière électrique (Paris).
Revue Scientifique (Paris).
Revue Polytechnique (Genève).
Zeitschrift für Elektrotechnik (Vienne).

TABLE DES MATIÈRES

10*

CHAPITRE V

CHAPITRE VI

CHAPITRE VII

CHAPITRE VIII

CHAPITRE IX

CHAPITRE X

CHAPITRE XI

CHAPITRE XII

Isolants plastiques.

CHAPITRE XIII

CHAPITRE XIV

Papier, Gravure et Impression L. GEISLER

AUX CHATELLES

PAR RAON-L'ÉTAPE (VOSGES)

ET 1, RUE DE MÉDICIS, PARIS (VIᵉ)